JN062962

ドイツの
介護強化法

小磯 明 著

同時代社

はしがき

　私は、2005年から20年近くドイツの介護保険制度を定点調査してきたのだが、今回の介護強化法はドイツの介護保険制度にとって大きな改革であり、とりわけ認知症が介護保険制度で正式に評価されて報酬化されたことは、画期的なことであると考えている。

　30歳を迎えたドイツの介護保険制度は、制度開始当時と同様に部分保険であることは変わっていないこともあって、今回の改定でも全面的に要介護者に寄り添うといった制度とはなっていない。家族が面倒を見ることが制度の基本となっていることから、施設介護よりも在宅介護に重点が置かれていることはその通りであり、今回の改定もその方向性は基本的に変わってはいない。しかし、ドイツ社会の状況の変化は、介護する家族の状況の変化となり、特に女性の社会進出による介護に従事することの難しさが今回の制度改革に反映されたと考えている。

　私は、2005年のドイツ調査のときから、ドイツの介護保険制度はもとから部分保険だったことから、不十分な制度であることは避けられないことを主張してきたこともあるのだが、公費が入っていない純粋に社会保険だけの制度設計になっていることが日本との大きな違いであって、単純な国際比較は難しいと考えている。

　しかも、日本では介護保険制度の開始にあたっては「介護の社会化」を掲げていたことから、「家族介護が基本」のドイツの介護保険との大きな違いがあった。日本では現在、介護の社会化どころかどのように給付抑制を行うかに熱心で、大きな社会問題になりつつある。はたして日本の要介護者を抱えた家族と地域コミュニティは、要介護者の介護を担えるのか疑問である。

　私が今回のドイツ介護保険改革で最もすごいと思ったのは、先進

3

諸国が高齢化の影響もあって、社会保障費抑制政策を続けている中で、恐らく先進国で唯一ドイツでは介護保険の給付拡大を行ったことである。この点は、大いに強調されるべき点と考える。ドイツの介護保険制度は公費が入っておらず、純粋に社会保険制度であるために、被保険者が合意すれば、保険料を上げることで給付拡大もできることを、世界に示した点で画期的であった。給付抑制に熱心な日本において、給付拡大を行ったドイツの取り組みは、参考になるのではないかと考える。

　本書は、ドイツ介護保険制度が30年経ったからといって、30年分をまとめようなどと大それたことは考えていない。むしろ、介護強化法の内容についてのみ述べているといった方が正しい。次回の改革のためには、現在の改革を正しく知っておくことが必要との考えから本書を上梓した次第である。

　本書が、ドイツに関心のある方、介護保険制度に関心のある方に、手にとっていただけたなら、著者として望外の喜びである。

2023年10月　小磯　明

もくじ

図表もくじ

序章　本書の目的と構成

1．本書の目的

　筆者は、2017年8月から9月にかけて、ドイツ・フランクフルトとミュンヘンを視察調査してきた（小磯明 2017）。ドイツでは、介護保険改革で軽度者にも給付を拡大した。認知症ケアと在宅緩和ケアについても、新たな取り組みを始めていた。また、複合型高齢者施設など、ドイツらしい新たな住宅作りにも着手していた。

　筆者がミュンヘンを初めて訪問したのは2005年11月で、この時は、バイエルン州MDK（Medizinischer Dienst der Krankenversicherung：疾病金庫）への訪問と、在宅ケアの取り組みとしてカリタス・ゾチアルスタチオン（Caritas Sozialstation）の事業について調査した（小磯 2006；小磯 2016）。その後、ドイツを訪問したのは、2012年11月の視察調査であった。AWO（労働者福祉団体）が運営するケーニッヒスブルンの高齢者施設やフライブルク大学関連病院の視察、そしてヴォーバン地区の再生可能エネルギー調査を行った（小磯 2015）。この時の訪問先は、ミュンヘン、フライブルク、ヴァイセンブルク、シェーナウ、フライアムト、ヘデルベルク、ローテンベルク、フランクフルトなどのドイツの都市とスイスのヴァーゼルであった。医療福祉関連の視察は、高齢者施設2カ所と病院1カ所の事業所を訪問した。

　筆者は既に2008年介護改革と2012年の2つの改革（介護保険発展法と介護新構築法）について述べている（小磯 2014）。そして、2015年から2017年の介護強化法と現場の取り組みについても小磯（2023）で述べているのだが、本書では、2017年の視察調査を踏まえて、ドイツ介護保険の変遷を述べた後、今回の改革を行った背景

について述べ、改革の内容のうち、財源としての保険料や給付、そして鑑定について詳しく述べることとする。小磯（2023）では、介護強化法についてというよりも、現場での取り組みの事例の記述が中心であったことから、今回の著作の出版を企画した次第である。研究方法は、現地視察調査からの示唆と帰国後の文献調査である。

　2015年に施行された「第1次介護強化法」から始まり、2016年・2017年には「第2次介護強化法」「第3次介護強化法」により、介護保険制度改革が実施されている。本書の目的は、相次いで成立し施行されている3つの介護強化法が介護保険制度をどのように変化させ、介護をめぐる課題をどのように解決に導こうとしているか、検討することである。

2．本書の構成

　「第1章　ドイツの介護保険制度」は、まず、ドイツの介護保険制度の概要について述べる。次に、介護強化法の先駆けとなった「介護保険発展法と介護新構築法」について述べる。そして、ドイツの介護保険制度の変遷について述べている。

　「第2章　介護強化法制定の背景と評価、保険料」では、今回の介護保険制度改革を行った背景について述べている。（1）認知症患者の増加、（2）女性の就業率の増加、（3）独居高齢者の増加、（4）主な介護者と要介護者、そして（5）公的年金に義務加入する男女の介護者の数について述べている。

　2つ目の「改革の評価」については、（1）国民の介護改革の評価、そして、（2）専門家の評価について述べている。3つ目に、「財源としての保険料」について述べている。（1）保険料の算定、（2）保険料の引き上げ、（3）基金の積み立て、（4）第2次介護強化法の保険料引き上げについて述べている。4つ目に、この章の

「まとめ」をしている。

　「第3章　介護強化法の給付と鑑定」では、まず、「第1次介護強化法」について、（1）第1次介護強化法の概要について述べ、（2）介護者支援の強化と（3）介護休暇中の所得補償について述べている。2つ目に、「第2次介護強化法」については、（1）新しい要介護認定、（2）要介護度の判定のためのモジュール、（3）改正後の給付、（4）他の改正について述べている。他の改正の内容は、①介護者の定義及び支援、②「リハビリ優先」の原則の強化、③施設介護のための自己負担、④入所介護施設の人員基準、⑤介護ボランティアサービス、そして⑥保険料率について述べている。

　第2次介護強化法では、認知症について大きな改革が行われたので、（5）認知症患者の給付の改善について述べている。その上で、（6）誰がどのように鑑定を行うかについて述べている。

　3つ目は、「第3次介護強化法」について述べている。そして4として、この章の「まとめ」をしている。

　「第4章　介護強化法の補論と示唆」は、「1. 鑑定と介護相談」として、（1）介護区分の変更、（2）虐待への対応について述べている。「2. モデル事業」では、（1）マールブルクの事例、（2）自治体の役割について述べている。3つ目の「ドイツの介護人材」では、（1）介護人材と研修制度、（2）介護者の賃金引き上げについて述べている。4つ目に「介護制度と難民政策」について述べ、5つ目に「ドイツの認知症国家戦略と介護改革」について述べている。

　「終章　ドイツの介護強化法が目指したもの」では、「1．制度改革が目指したものは何か」、そして「2．日本への示唆」について述べている。

文献

小磯明「まだ未成熟に思えるドイツの『介護の社会化』」日本看護協会出版会

11

　　『コミュニティケア』Vol.08、No.03、2006年3月、pp.59-61。

小磯明「ドイツの医療と介護——医療保険制度と介護保険改革を中心として
　　——」福祉の協同を考える研究会『福祉の協同研究』第6号、2014年3月、
　　pp.16-53。

小磯明『ドイツのエネルギー協同組合』同時代社、2015年。

小磯明『高齢者医療と介護看護』御茶の水書房、2016年、pp.360-364、
　　pp.370-377。

小磯明「ドイツの介護保険・認知症ケア・在宅ホスピス視察」非営利・協同総
　　合研究所いのちとくらし『研究所ニュース』No.60、2017年11月30日、
　　pp.7-10。

小磯明『ドイツの介護保険改革』同時代社、2023年。

第1章　ドイツの介護保険制度

1．ドイツ介護保険制度の概要

少子高齢化が進展するドイツにおいては、全人口が8,279.2万人（うち外国籍967.9万人）（2017年末現在）、高齢化率は21.4％（2017年末現在）と高齢化率が年々増加傾向で推移している。2011年の人口中位推計によれば、今後の高齢化率は2030年で29％に達すると見込まれている。高齢化に伴い、要介護者数349.1万人、認知症患者数163万人（2016年末現在）と、ともに増加傾向で推移している（厚生労働省 2019：129）。

介護保険制度（Pflegeversicherung）は、連邦保健省が所管しており、介護金庫（Pflegekasse）が運営主体となっている（根拠法は社会法典第11編（SGB Ⅺ））。被保険者は、原則として医療保険の被保険者と同じ範囲であり、年齢による制限はない。したがって、被保険者である若年者が障害等で要介護状態になった場合には、当然に介護保険からの給付を受けることができる。保険者は介護金庫となるが、医療保険者である疾病金庫が別に組織し、運営している。介護保険の財源は保険料であり、国庫補助は行われていない（厚生労働省 2019：129）。

要介護認定は、医療保険メディカルサービス（Medizinische Dienst der Krankenversicherung, MDK：疾病金庫が各州に共同で設置し、医師、介護士等が参加する団体）の審査を経て、介護金庫が最終的に決定する。要介護度は、必要な介護の頻度や介護のために必要な時間等に応じて、要介護度1から要介護度5までの5段階に分類される。後述するように、2015年に成立した第2次介護強化法により、2017年1月から、要介護者の程度区分がこれまでの要介

護段階Ⅰ〜Ⅲから要介護度1〜5に改正された（厚生労働省2019：129）。

給付内容は、①介護現物給付、②介護手当（現金給付）、③組み合わせ給付（介護現物給付と介護手当を組み合わせた給付。支給限度額は、給付割合に応じて按分される）、④代替介護（介護者が休暇や病気で一時的に介護困難である場合に、代わりの介護者を雇うための費用を給付。年間6週間まで、1,612ユーロ以内）、⑤部分施設介護（日中又は夜間に、介護施設において一時的に要介護者を預かる給付（デイケア・ナイトケア））、⑥ショートステイ（年間8週間まで、1,612ユーロ以内）、⑦介護補助具の支給・貸与（技術的介護補助具と消耗品に分類される。技術的介護補助具は通例貸与の形態で支給され、自己負担は当該費用の10％（1補助具当たり上限25ユーロ）、消耗品は月額40ユーロまで償還される）、⑧住宅改造補助（1件当たり4,000ユーロ以内）、⑨完全施設介護等がある（厚生労働省 2019：129）。

完全施設介護については、在宅介護や部分施設介護による在宅生活が困難な要介護者についてのみ実施される（請求権は、要介護度2〜5の要介護者のみに付与され、要介護度1の要介護者には付与されない）。なお、ホテルコスト、食費等は自己負担である。

公的介護給付費総額は、2017年総額で355億ユーロ（2016年289億ユーロ）、うち在宅サービスが208億ユーロ（2016年165億ユーロ）、施設サービスが147億ユーロ（2016年124億ユーロ）である（厚生労働省 2019：130）。

サービス提供は、介護金庫や州介護金庫連合会とサービス提供の契約を締結した事業者・施設によって行われる。施設としては、老人居住ホーム、老人ホーム、介護ホーム等が存在する。老人居住ホームは、高齢者がなるべく自立した生活を送ることができる設備を有する独立の住居の集合体であり、入所者が共に食事をとる機会等

が設けられている。老人ホームは、自立した生活を送ることが困難
である高齢者が居住し、身体介護や家事援助の提供を受けることが
できる施設であり、多くの場合それぞれ独立した住居となっている。
介護ホームにおいては、入所者は、施設内の個室又は二人部屋にお
いて、包括的な身体介護や家事援助を受ける（厚生労働省 2019：
130）。

　以上がドイツ介護保険の概略である。

2．介護保険発展法と介護新構築法

　ドイツでは、1994年に介護保険制度が創設され、在宅介護に関し
ては1995年1月から先行して制度が運用され、施設介護に関しても
1996年7月には、制度の運用がなされることとなった。その後、保
険料率の変更以外には、大きな制度改正が行われることなく10年以
上の歳月が経過し、2008年に「介護保険の構造的な一層の発展のた
めの法律（略称：介護保険発展法）」（das Gesetz zur strukturellen
Weiterentwicklung der Pflegeversicherung）が成立したことにより、
初めて介護保険制度にとって大きな改革が行われることとなった。

　この法律は、介護保険制度の基本原則である「在宅介護優先の原
則の強化」を目指したものであった（田中耕太郎 2011）。その内容
は、第一に介護給付の上限額について段階的に引き上げるものであ
り、利用できる介護サービスの範囲を広げようとする施策である。
第二には、介護の質を高めるための新たな施策を導入するというも
のである。これにより新たな資格と新たな施設が創設されることに
なった。第三は、家族介護者の負担軽減により、在宅介護を利用し
やすくする。これは、介護休業の仕組みを新たに導入するものであ
るが、統計的に、在宅介護から施設介護への移行傾向が表れてきて
いるため、その傾向に歯止めをかけるため、在宅介護の支援を強化

しようとするものである。この法律は、要介護者の増加とともに要介護状況の重い要介護者の絶対数が増加し、施設介護の必要性が高まってきていた当時の介護状況への対策であると評価されている（小梛治宣 2010）。

2013年には、「介護の新たな配置に関する法律（略称：介護新構築法）」（Gesetz zur Neuausrichtung der Pflegeversicherung）が施行された。この法律は、キリスト教民主連合（CDU/CSU＝ドイツキリスト教民主同盟／バイエルン・キリスト教社会同盟：Christlich-Demokratische Union Deutschlands, CDU/ Christlich-Soziale Union in Bayern e.V, CSU）とドイツ社会民主党（Sozialdemokratische Partei Deutschlands, SPD）の連立政権下の政府が、高齢化のさらなる進展に対処するため、SPDのウラ・シュミット（Ulla Schmidt）連邦保健相の下で設置した「要介護概念の検証に関する専門家委員会」の報告書[1]に端を発している。

2012年の総選挙でCDU/CSUと自由民主党（Freie Demokratische Partei, FDP）の連立政権が誕生し、選挙で大敗したSPDは政権からの離脱を余儀なくされた。その選挙では、介護保険制度も争点の1つとなった。連立与党の両党とも選挙公約で介護保険改革を掲げたため、連立政権樹立のための連立協定では「介護給付の質確保」や「新たな要介護基準の創設」などが盛り込まれた。その後に成立したのが本法である。本法は、まずは選挙公約及び連立協定を履行するための法改正であったため、法案提出当時のダニエル・バール（Daniel Bahr）連邦保健相（2011年5月12日〜2013年12月17日）が述べているように「要介護概念改正へ向けての前提作りのための重要な一歩」ではあったが、「本格的な改革のための『調整』の域をでるものではな」かった（小梛 2012）。

主な内容としては、「在宅の認知症患者への介護給付の実施」、次に「在宅で介護する家族への介護手当等による支援強化」である。

さらに、「要介護者の共同住宅への助成」を実施し、そうした施策を実施するため「保険料率の引き上げ」を行うというものであった。本法においては、2006年の専門家委員会設置以来の懸案であった新たな要介護基準の創設には至らなかったが、身体的な介護において非認定とされ、これまでは給付の対象とならなかった認知症患者等に対して、介護給付が実現されることとなった。松原直樹（2018）は、このことは「ドイツ介護保険制度にとって大きな転換点であったと考えられる」と述べている。

3．ドイツ介護保険制度の変遷

　ドイツの介護保険法（Pflegeversicherung）は、1994年に公布され、1995年に保険料の徴収が開始され、その3カ月後にサービスの給付が開始された。より正確に言えば、ドイツでは介護保険制度が段階的に導入されており、1995年の1月に保険料の徴収が始まり、4月に在宅サービス、翌1996年7月に施設サービスが開始されている。つまりドイツの介護保険制度は、1994年の公布から数えて30年目であり、1995年1月の保険料徴収から数えると、2023年1月で29年目を迎えたこととなる。

　そもそも介護保険の制度を定めるのは、社会法典第11編—公的介護保険（Sozialgesetzbuch-Elftes Buch-Soziale Pflegeversicherung）（以下、本書では「介護保険法」という）である。近年では、2013年1月1日施行の介護新構築法（Gesetz zur neuausrichtung der Pflegeversicherung）及び2015年1月1日施行の第1次介護強化法（Erstes Pflegestärkungsgesetz）により介護保険法が改正され、給付の拡充や、給付の柔軟な請求に関する規定等が定められてきた。具体的には、介護新構築法の「主な改正内容は、認知症の要介護者に対する給付の引き上げ、保険料率の引き上げ、追

加の民間介護保険の加入に対する助成等である」（渡辺富久子 2012）。第 1 次介護強化法においては、「在宅介護の支援強化、介護保険の財政基盤の強化等が定められた」（渡辺 2015）。「この法律により、在宅介護のための年間給付総額は14億ユーロ、施設介護のための年間給付総額は10億ユーロ増額された」（渡辺 2016）。

　2015年には、さらに第 2 次介護強化法（Zweites Pflegestärkungs-gesetz）が制定された。この法律も介護保険法の一部を改正する法律であり、2016年 1 月 1 日に施行された要介護認定の基準の変更に関する規定である。2013年以降の一連の介護保険法の規定の変更は、一体として介護保険制度の新機軸をなすものとされている（Deutscher bundestag 2015：61）。

　第 2 次介護強化法による介護保険法の改正により、2017年以降の要介護認定においては、身体的機能の低下のみではなく、認知機能の低下も同等に評価されることになった。その結果、全体として認知症患者に対する給付が改善されることとなる。また、従来、3 つに分けられていた要介護等級（Pflegestufe）は、改正後 5 つの要介護度（Pflegegrad）に分けられた。

　2017年 1 月 1 日に施行された第 3 次介護強化法（Drittes Pflege-gestärkungsgesetz）では、要介護者に直接関わる制度改正というより、要介護者が生活している地域の自治体による介護に関わる役割を強化することが目的である。その法内容は、第一に2008年の「介護保険発展法」により設置することが可能となった「介護支援拠点」を新たに設置するための権限を、地方自治体に 5 年間の限度で付与するというものである。次に、それまで介護金庫が実施してきた介護相談事業について、地方自治体の介護相談員が実施するというモデル事業を全国60カ所で実施するというものである。さらに、地方自治体による追加的な介護給付の実施とそのための財源確保もその内容となった。

　第 1 次介護強化法から第 3 次介護強化法が最も新しい改革であり、ドイツにおけるこれまでの介護改革の中でも、最も抜本的な改革と言われている。次章ではこのような改革を行った背景と介護保険料について述べる。

注
1）報告書の内容は、小梛（2012）を参照されたい。

文献
Deutscher Bundestag, *Drucksache 18/5926*, 07. 09. 2015.

Drittes Pflegestärkungsgesetz vom 23. Dezember 2016.

Erstes Pflegestärkungsgesetz vom 17. Dezember 2014（BGB1.I S.2222）.

Gesetz zur Neuausrichtung der Pflegeversicherung vom 23. Oktober 2012（BGB1.I S.2246）.

Gesetz zur Strukturellen Weiterentwicklung der Pflegeversicherung（Pflege-Weiterentwicklungsgesetz）Vom 28. Mai 2008（BGBl. I S. 874）.

Sozialgesetzbuch-Elftes Buch-Soziale Pflegeversicherung vom 26. Mai 1994（BGB1. I S. 1014, 1015）.

Zweites Pflegestärkungsgesetz vom 21. Dezember 2015（BGB1.I S.24224）.

厚生労働省「第 3 章　欧州地域にみる厚生労働施策の概要と最近の動向（ドイツ）」『各国の社会保障施策の動向 ──「2018年　海外情勢報告」から──』2019 年 3 月。

小梛治宣「ドイツ介護改革のゆくえ」株式会社法研『週刊社会保障』No.2573、2010年 3 月29日、pp.44-49。

小梛治宣「ドイツにおける介護保険改革の新たな動向」株式会社法研『週刊社会保障』No.2683、2012年 6 月25日、pp.48-53。

田中耕太郎「ドイツにおける介護保険と介護サービスの現状と課題」健康保険組合連合会社会保障研究グループ『健保連海外医療保障』No.89、2011年、pp.35-44。

松原直樹「ドイツ介護保険法の改正」桐生大学『桐生大学紀要』第29号、2018年、pp.49-58。

渡辺富久子「【ドイツ】介護保険法の改正」国立国会図書館調査及び立法考査
　　局『外国の立法』No.253-2、2012年11月、pp.12-13。

渡辺富久子「【ドイツ】介護を強化するための介護保険法の改正」国立国会図
　　書館調査及び立法考査局『外国の立法』No.262-1、2015年1月、pp.12-13。

渡辺富久子「ドイツにおける介護保険法の改正——認知症患者を考慮した要介
　　護認定の基準の変更——」国立国会図書館調査及び立法考査局『外国の立
　　法』No.268、2016年6月、pp.38-89。

第2章　介護強化法制定の背景と評価、保険料

　本章では、介護強化法制定の背景と評価、そして財源についての保険料について述べることとする[1]。

1．改革を行った背景

（1）認知症患者の増加

　ドイツでも認知症の患者が社会の高齢化に伴って増加してきた。これまでの要介護定義は身体的な障害に注視してつくられていた定義であった。それに関しては、介護保険設立当初から疑問の声が寄せられ議論されてきた。要介護定義を変えることは給付を増加させることと、一度作ったものを変えることは難しいことから、構造的な変革をすることなしにここまで来てしまったのが現状である。

　ドイツ・アルツハイマー協会（Deutsche Alzheimer-Gesellschaft e.V., DAlzG）が推計したこれからの認知症の人の数の推移を示したのが表2-1である。ドイツの65歳以上高齢者数が(a)、認知症者数が(b)になる。65歳以上高齢者数は2014 ～ 2060年には1,710万人から2,300万人と推移するのに対し、認知症者数は2030年には200万人を超え2050年には290万人となり、2060年には若干減少するもののほぼ横ばいともいえる288万人になることが予測されている。2040年には、65歳以上高齢者数の10%以上が認知症者と推計されている。

　ドイツの介護保険制度は必要なサービスをカバーする範囲が狭く、介護に必要なサービスをすべて賄うことができないため、しばしば「部分保険」と称される。そして年齢による取扱いの区別はない。そもそも「介護」の訳語が当てられるドイツ語の "Pflege" は、「面倒を見る」「世話をする」という意味であり、病児の看護について

表2-1　ドイツの65歳以上高齢者数と認知症者数の推移（推計）

年	65歳以上高齢者数(a)（百万）	認知症者数(b)（実数）	b/a（％）
2014	17.1	1,551,600	9.07
2020	18.3	1,774,100	9.69
2030	21.8	2,075,640	9.52
2040	23.3	2,465,400	10.58
2050	23.1	2,904,660	12.57
2060	23.0	2,882,400	12.53

注）移民の増加が継続するものと仮定。
（出所）ドイツ・アルツハイマー協会より筆者作成。

も用いられる言葉である。本書でも「世話」という言葉を使用しているが、「Pflege」の訳語であることに留意されたい。

　このように、ドイツの介護保険は部分保険であり、家族による在宅介護を中心とした制度である。ドイツの介護保険が、こうした認知症患者の増大に耐えられるとは到底考えられない。

　そもそも1995年にドイツで介護保険が発足した時、その評価基準は主に身体的介護に対応しており、認知症患者や精神障害者の多くは要介護とは認定されなかった。しかし、認知症対応への批判が高まり、2002年に認知症患者への世話・ケア（Betreuung）などに対して、介護保険から年額460ユーロの世話給付を基本給付に付加して行うこととした。

　2005年に政府は、現行の要介護概念では認知症を要介護と認定することが難しいので、その見直しを行うとして、2006年に連邦保健省に要介護概念を再検討するための諮問委員会が設置された。

　2008年の改革では、要介護概念の見直しは見送られたが、認知症患者に対する給付改善が行われ、年額460ユーロの追加的な世話給付が月額100ユーロまたは200ユーロ（重度の場合）へと大幅に引き上げられた。また、認定基準では要介護に該当しない者（いわゆる

「要介護度0」）であっても、認知症などで日常生活能力が著しく低下している場合には、上記と同額の世話給付が支給されることになった。さらに、要介護度Ⅰ〜Ⅲの者が認知症と認定された場合も追加の世話給付が行われることになった。

　2009年に専門委員会による報告書が提出された。そこでは、認知症などを要介護の概念に入れるとした場合には、介護に要する時間を尺度とする概念では捉えられないとして、新たに要介護者の自立の度合いを尺度とする概念に変えなければならないという提案が行われた。

　2013年の改革で、要介護概念の改正に向けた前提づくりが行われた。そこでは、要介護度0であっても認知症で著しく日常生活に支障がある者には、新たに要介護度Ⅰの半額相当の給付が行われることになった。また、要介護度Ⅰ・Ⅱの認知症患者には通常の介護手当及び介護サービスの給付額を支給することに改められた。これに前述した世話給付が付加された。認知症患者の介護の負担の大きさが認識されたのである。

（2）女性の就業率の増加

　ドイツの女性の就業率を示したのが図2-1である。1991年から2014年までの、15歳から64歳までの「男性・女性の就業率」と「男性・女性の労働力人口比率」をそれぞれ折れ線グラフで示している。棒グラフは、就業率の男女差である。

　上の実線は男性の就業率であり、2014年時点を見ると77.8%であるのに対して、女性の就業率（下の実線）は69.3%である。当然女性就業率は現在も上昇しており、男性とほぼ変わらない状況まできている（2017年調査）。棒グラフの「男・女の就業率の差」をみると、男・女の就業率の差が縮まってきているのは一目瞭然である。やはり2014年をみると、8.5%（77.8%－69.3%）まで差が縮まっ

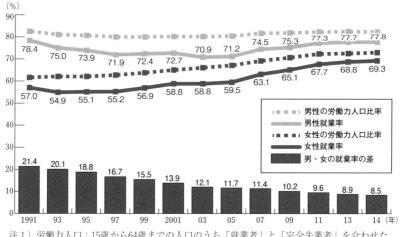

(%)

注1）労働力人口：15歳から64歳までの人口のうち「就業者」と「完全失業者」を合わせたもの。

注2）就業率：15歳から64歳までの人口に占める「就業者」の割合。就業者は「従業者」と「休業者」を合わせたもの。

（資料）Statistische Bundesamt, Mikrozensus, auf Anfrage.

（出所）WSI GenderDatenPortal 2016.

図2-1　就業率と労働力人口比率

ている。1991年の21.4％から12.9ポイント下がった。

　社会構造が変化しているのは高齢化だけではなく、女性の就業が質量とも高まっていること、そして可動性が高まっていることも挙げられる。むしろこちらの社会構造の変化の方が非常に大きな問題といえよう。「可動性」とは何かというと、仕事の関係で故郷にとどまることができず、親からかなり遠いところに住まなければならなかったりすること、出張が多くて親の家の近くに住んでいたとしても世話をする時間がないという人が増えていることである。ドイツでは従来、親の近くに住みながら介護をするのが一般的であったことを考えると、深刻な事態といえよう。

（3）独居高齢者の増加

　次に、独居の人が多いと言われるドイツでは、実際にどれくらい

の単身世帯が存在しているかを示したのが**表2-2**である。この表
は、2014年と1999年の65歳以上の独居者の率を調査した結果である。
左側の男性のうち65歳以上「単身世帯」をみると、1999年が16.8％、
2014年が19.4％で、差は2.6％しかなく、率としても少ない。それ
に対して女性をみると非常に高率であること、そして1999年の50.8
％から2014年の44.6％に6.2ポイント減少していることが見て取れ
る。

　なぜ減少しているのか。これらの世代は、1999年の段階では男性
が戦争で死亡して、女性が一人で住むことが多かった。しかし現在
は多くの男性がパートナーと一緒に住んでいる。65歳以上の女性の
項目の44.6％の横に49.3％という数字がある。これはペアでパート
ナーと一緒に住んでいるという率になる。

　一番右側が、「子どもと住むなどその他の生活形態」になり、こ
れは男女ともに減っている。ドイツでは子どもと住むことが少なか
ったが、女性でも少ないなりにも1999年には9.7％であったが、
2014年には6.1％となり、15年で3.6ポイント減少した。ただしここ
で把握されていないのは、高齢者住宅に住んでいる、あるいは介護
ホームに入っている人である。単純に1人部屋であれば1人で住ん
でいる単身世帯とカウントされるので、その割合は不明である。

（4）主な介護者と要介護者

　図2-2は、誰が在宅介護をしているかを示したもので、主な介
護者と要介護者の関係をパーセンテージで示している。

　一番上は男・女のそれぞれの合計で、女性（2010）が72％、女性
（1998）が80％である。男性（2010）は28％、男性（1998）は20％
である。女性の割合は減少し男性の割合は増加している。女性の割
合は減少傾向だということがこの図からわかる。

　誰が介護しているかを上位3位まで見ると、一番多いのは娘で、

表2-2 Männer und Frauen nach Altersgruppen und Lebensform
（男性と女性の年齢階層と生活形態）

（単位：%）

年齢階層	男性			女性		
	単身世帯	夫婦（パートナー）世帯[1]	その他世帯[2]	単身世帯	夫婦（パートナー）世帯[1]	その他世帯[2]
2014年						
18-39	26.8	38.4	34.7	18.4	50.2	31.4
40-64	21.6	72.0	6.4	16.7	71.9	11.4
65 und älter（以上）	19.4	78.2	2.4	44.6	49.3	6.1
Davon（内訳）:						
65-69	17.1	80.6	2.3	27.7	68.1	4.2
70-74	16.7	81.2	2.1	35.0	60.8	4.2
75-79	18.5	79.6	1.9	46.0	48.3	5.6
80-84	23.3	73.8	2.9	60.1	31.7	8.2
85 und älter	34.2	60.8	5.0	73.7	14.1	12.2
1999年						
18-39	20.7	47.8	31.5	13.3	59.9	26.8
40-64	13.4	82.2	4.4	13.5	78.5	8.0
65 und älter	16.8	80.1	3.0	50.8	39.6	9.7
Davon:						
65-69	12.6	85.2	2.2	31.6	62.5	5.9
70-74	13.7	83.9	2.4	44.6	47.9	7.5
75-79	18.4	78.5	3.2	60.2	30.3	9.5
80-84	26.2	69.4	4.3	71.2	15.9	12.9
85 und älter	38.6	52.8	8.6	72.4	6.9	20.6

注1）日本では「夫婦世帯」などと言うが、ドイツでは結婚していなくても同居している「パートナー」もいるので、表では「夫婦（パートナー）世帯」とした。

注2）Alleinstehende in einem Mehrpersonenhaushalt, alleinerziehende, ledige Kinder.（子どもと住むなどのその他の生活形態）

（出所）Ergebnisse des Mikrozensus-Bevölkerung in Familien/Lebensformen am Hauptwohnsitz.

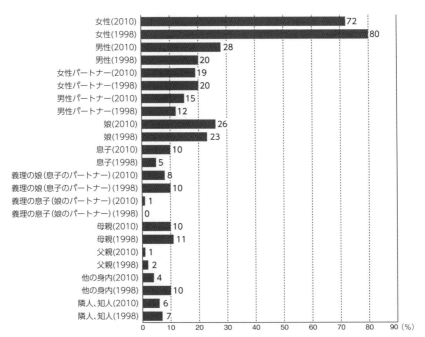

（出所）Schmidt, Manuela / Schneekloth, Ulrich 2011; Abschlussbericht zur Studie "Wirkungen des Pflege-Witerentwicklungsgesetzes", bundesministerium fOr Gesundheit (Hg.), Berlin.

図2-2　主な介護者と要介護者の関係；1998年と2010年

1998年は23％で2010年は26％である。2番目に多い「女性パートナー」は主に妻ではあるが、ドイツでは結婚という形をとらないで一緒に住んでいることが多いので、ここでは妻とはなっておらず、「パートナー」という言葉を使っている。女性パートナー（1998）が20％、女性パートナー（2010）が19％である。3番目に多いのが男性パートナー（1998）で12％、男性パートナー（2010）で15％である。2010年だけをみると、娘に介護されている人が26％、妻もしくは女性パートナーに介護されている人が19％である。そして夫もしくは男性パートナーに介護されている人が15％となる。

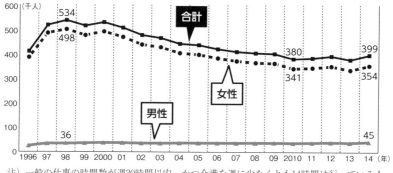

注）一般の仕事の時間数が週30時間以内、かつ介護を週に少なくとも14時間は行っている人。
（出所）WSI FrauenDatenReport; Forschungsportal der Deutschen Rentenversicherung.

図2-3　公的年金に義務加入する男女の介護者の数（千人）

（5）公的年金に義務加入する男女の介護者の数

　図2-3は「公的年金に義務加入する男女の介護者の数（千人）」
を示している。年金をもらうまでに、本格的に介護をしている人を
対象とした統計である。介護保険で、「在宅の介護者である」こと
がしっかり認められて、年金の補助を受ける資格を持つ人の数で、
それを母数として調査した図である。

　一番上が合計で39万9,000人、次が35万4,000人で女性、その下の
4万5,000人が男性になる（2014年）。これを割合にすると、88.7％
となり圧倒的に女性が多い。男性は11.3％しかない。

　なぜこのようになるのか。介護保険においては「主な介護者」と
認められる時間数を介護している男性が少ないからである。つまり、
図ではカウントされていない男性がいれば、女性が多くなる。年金
をもらえる資格を得るためには「一般の仕事の時間数が週30時間以
内、かつ介護を週に少なくとも14時間は行っている人」という条件
が最低基準になる。このような基準があることから、女性が圧倒的
に公的年金に義務加入することが理解できよう。ただしこの基準は、
第2次介護強化法で改正された。新しい基準は、介護者については

従来の「週に14時間以上介護する者」から「通常は週に２日以上で合計10時間以上介護する者」に要件が変更となった（松原 2018）。また、離職して要介護度２以上の要介護者を介護する場合には、失業保険料が介護金庫から支払われることとなった。

２．改革の評価

（１）国民の介護改革の評価

以上が、介護改革が行われた主な社会的変化の背景である。そのような中で、国民は介護改革をどう捉えているか。連邦保健省による世論調査（2015年）によると、「やはり歳をとったら少しくらい障害があっても自宅にとどまりたい」という人が９割であった。そんな中で抜本的に変える必要があるということで、やっとアンゲラ・ドロテア・メルケル政権が重い腰を上げて、改革を実施したということである。ただし要介護定義に関しては、ドイツ社会民主党のヘルムート・シュミットがゲアハルト・シュレーダー政権の保健大臣をしていた時に「要介護定義はこれではだめだ」ということで、「認知症を含めた要介護度定義に作り直す」ことを大々的に謳っていた。その時代から、要介護定義を見直すための政府の委員会等があった。つまり、要介護定義の見直しに10年の歳月をかけてやっと実施されたということである。

今回それで改革が行われ、第１次介護強化法が2014年末に決議された。2015年秋の世論調査によると、給付が増える方向に決まったが、77％の国民が「介護改革の正しい方向への一歩」だと判断をしていた（連邦保健省による世論調査）。出典が連邦保健省なので本当のところは定かではないが、大きな反対がなかったことは事実である。

（2）専門家の評価

　吉田恵子（2016）は、「従来の改革には批判的だった専門家らも、今回の改革は前向きに評価している」と述べている。介護制度の著名な研究者であるハインツ・ロスガング教授は、「新認定制度を『身体的支障と知的・精神的支障の両方をより適切に把握でき』、また『寛容』と評価」したと述べている。「新制度下では、受給者数も、大半の既存受給者の給付も増えるからだ」という（BARMA GEK 2015；国際長寿センター 2016：135）。

　「連邦保健省医療介護保険局長（2002 ～ 2010）として新要介護定義の基盤づくりを率い、現在は有力保険者の一つ、企業疾病金庫の統括連合会理事を務めるフランツ・クニープス氏も、新給付制度を『当事者とその家族の個人的状況を明らかに改善する』とみる。それは、自立度を主な測定基準とする新認定制にあり、これにより『介護を要する人すべてが初めて統一体系下で把握される』と、その画期性を説いている」。「反面、給付を増やしても必ずしもケアやサービスの改善に繋がらず、また『改革がどれだけ福祉政策に重要性や持続可能性をもたらすかは、今後の発展如何である』ことも指摘する」と吉田（2016）は述べる。

3．財源としての保険料

（1）保険料の算定

　介護改革の最も重要な点は、財源としての保険料である。全体として給付が増大することになるので、財源が必要となる。ドイツの介護保険は1995年に導入されてから、保険料率は法定されており、総所得の1.7％である（**表2-3**）。

　介護保険料の算定については、公的疾病保険の保険料算定の所得上限額が適用される（2005年：月額3,525ユーロ＝約52万円）」（和

表2-3　保険料率の推移

(%)

	1995	2005	2008	2013	2015	2016	2017
保険料率	1.70	1.70 (1.95)	1.95 (2.2)	2.05 (2.3)	2.35 (2.6)	2.35 (2.6)	2.55 (2.8)

注）上段は一般の被保険者の保険料率。下段（　）は子のない被保険者の保険料率。
（出所）筆者作成。

田勝編 2007：162）。保険料は、被保険者と使用者との労使折半であり[2]、被用者と雇用主は、労働報酬の0.85％をそれぞれ負担していた。ただし、2005年1月1日から増額された0.25％の保険料に関しては、子のいない公的介護保険加入者のみが負担することになっている。「公的介護保険の保険料において子の養育を考慮することに関する法律（KiBG, 介護保険　子の養育考慮法）」（2004年12月15日公布）により、2001年4月3日の連邦憲法裁判所判決が公的介護保険制度に反映されることになった。この判決は、子のいる保険料納付者を子のいない納付者よりも保険料の上で優遇するための規定を、2004年12月31日までに定めることを課した（和田編 2007：163）。

　子の養育考慮法（KiBG）は、2005年1月1日より施行され、子のいない、満23歳以上の被保険者は、0.25％の保険料が追加徴収されるようになった。これにより、子がいる、または子がいた加入者は、公的介護保険の保険料面で、子のいない加入者よりも優遇されることになった[3]。

（2）保険料の引き上げ

　「ドイツの介護保険では1995年の実施以来、保険料率を据え置いてきたが、2008年8月から保険料を1.70％から1.95％に引き上げた」。「また2005年の改正で、子のない被保険者に対する保険料率が

0.25％引き上げられたが、今回の改正でもその上乗せは変わらず、子のない被保険者に対する保険料率は2.20％に引き上げられた」[4]。「これにより2007年は3億2,000万ユーロの黒字となり、2009年にはさらに9億9,000万ユーロの黒字となった」（小磯 2014）。

　2009年に発足したキリスト教民主同盟・社会同盟（CDU/CSU）と自由民主党（FDP）の連立政権が検討を行ってきた介護保険法の改正法案が、2012年6月に連邦議会、9月に連邦参議院を通過した。法律の改正により、要介護状態が新しく定義されるまでの暫定措置として、認知症の要介護者に対する給付が引き上げられることになった。給付改善のために、保険料率は2013年1月1日から2.05％に引き上げられた（第55条）。これによる介護保険の収入増は、約10億ユーロ／年と見積もられていた（渡辺 2012）。

（3）基金の積み立て

　「保険料率は2015年1月1日から0.3％引き上げられ、所得の2.35％となった（第55条）。これにより、介護保険の収入は1年間に36億ユーロ増える。引き上げ分の0.3％のうち0.2％は、在宅介護及び施設介護のサービス改善のために使われる」[5]。残りの0.1％分は、ドイツ連邦銀行において管理される。基金における積立ては、2015年から2033年までの間行われる。この際、1年間に使うことのできる上限額は、2034年末までに積み立てられた準備金の20分の1の額である（第131条〜第139条）」（渡辺 2015）。

　この介護準備基金は、保険料の長期的安定策として画期的な試みとみえなくもない。だが、その効果は実質的にはきわめて小さく、「無視しうるほどのもの」にすぎないという批判を受けてもいる（小梛 2015）。19年にわたって積み立てられた場合の基金の資産状況は、利子率等に左右されるが、約230億〜400億ユーロの間と見積もられる。2035年以降、この金額の20分の1が保険料抑制のため

に用いられた場合、その抑制効果は、最大でも0.1ポイントである（小梛 2015）。一方、第 2 次介護強化法による要介護概念の根本的な見直しが図られた場合（15％のコスト増となる）には、保険料率は2030年に 3 ％、2040年には3.5％、そして2045年には 4 ％に達し、基金が底をつく2055年には4.7％になると予測されている（Jacobs & Rothgang 2014）。こうした中で保険料の上昇が0.1ポイント抑制されたとしても、それが「焼け石に水」程度の効果しか持ち得ないのは確かであろう。

（4）第 2 次介護強化法の保険料引き上げ

　2015年には第 2 次介護強化法が制定された。この法律も介護保険の一部を改正する法律であり、2016年 1 月 1 日に施行された改正部分と2017年 1 月 1 日に施行された改正部分がある。第 2 次介護強化法による改正の眼目は、2017年 1 月 1 日に規制された要介護認定の基準の変更に関する規定である。2013年以降の一連の介護保険の改正は、一体として介護保険制度の新機軸をなすものとされている。新しい要介護認定が保険財政に与える影響を考慮して、保険料率が0.2％引き上げられ、2.55％（被用者の場合労使折半）とされた（第55条）[6]。子どもがいない23歳以上の者の保険料率は、折半分（1.275％）に0.25％を加えた1.525％となった。

4 ．まとめ

　整理すると、保険料率は1995年以降2008年まで1.70％であり、2008年、2013年、そして2015年の第 1 次介護強化法から2017年の介護改革にかけて大きく引き上げられた（**表 2 - 3**）。計算してみるとわかるように、1995年当時の一般被保険者の保険料率1.7％から2017年の2.55％まで0.85ポイント増加したが、これは1995年の保険料率（1.7％）から50％増加したこととなる。

さらに補足すると、2019年1月には保険料は3.05％に引き上げられた。

　以上のように、ドイツ社会の環境の変化は、介護保険の根本的な改革を要請したと考えられる。そのための財源を確保するために、これまで保険料を引き上げてきたことについて本章では述べた。

注

1）第2章については、小磯明（2019）を参照されたい。
2）雇用者（企業）の負担を軽減するため、ザクセン州を除くすべての州で、州法による法定休日（「懺悔と祈りの日」）を1日削減した。ザクセン州では、祝日が廃止されず、被用者は保険料総額の1.35％を負担し、使用者は0.35％を負担する。ザクセン州でも2005年1月1日以降、子の養育考慮法（KiBG）に基づいて、子のいない加入者の保険料が上げられた（和田編 2007：163）。
3）詳細は、和田（2007）の第11章「3　介護保険　子の養育考慮法」（pp.235-238）を参照されたい。2001年4月3日連邦憲法裁判所判決において、介護保険の保険料を決める際には、子の養育による貢献を考慮すべきであるとし、違法判決を下した。判決理由について、第3回報告書の中で次のように要約されている。「（前略）賦課方式は次世代の保険料に頼らざるを得ない。これから育っていく世代、つまり現在の子どもは、将来は『高齢者』のために、強制保険に加入して保険料の負担を引き受け、集団的な資金調達義務を課せられる。それによって子どものいない被保険者は、保険の適用を受ける際に、保険料を義務づけられている他の被保険者は、養育のために消費と資産形成を諦めるという不利益を被っている。子どもの養育により、被保険者である両親は、公的介護保険に二重に貢献をしていることになる。すなわち、保険料を支払うだけでなく、制度の維持に欠かせない次世代育成という貢献を果たしているのである。（後略）」（和田編 2007：236）。
4）ドイツの社会保険は労使折半が原則となっているが、介護保険料率の引き上げによる使用者側の負担増が企業の国内投資を妨げる恐れがあるとして、介護保険料率の引き上げと引き換えに失業保険料率が4.2％から3.3％に引き下げられた（小磯 2014：16-53）。
5）そのうち、施設介護のサービス改善に充てられるのは年間10億ユーロである。これにより、ケアを行う者の助成が、従来の25,000人分から増強される（渡辺 2015）。
6）保険料率は法律により定められ（第55条）、全国一律である。

文献

BARMA GEK pflegereport 2015.

Deutsche Alzheimer-Gesellschaft e.V.（DAlzG）（https://www.deutsche-alzheimer.de/）.

Jacobs, Klaus; Rothgang, Heinz, Pflege Fuß bei Pflegefonds. in: *Gesundheit und Gesellschaft*, 6 （17）, SS.26-29, 2014.

Statistische Bundesamt, Mikrozensus, auf Anfrage.

WSI GenderDatenPortal 2016.

Ergebnisse des Mikrozensus-Bevölkerung in Familien/Lebensformen am Hauptwohnsitz.

Schmidt, Manuela / Schneekloth, Ulrich 2011; Abschlussbericht zur Studie "Wirkungen des Pflege-Witerentwicklungsgesetzes", bundesministerium für Gesundheit（Hg.）, Berlin.

WSI FrauenDatenReport；Forschungsportal Der deutschen Rentenversicherung.

一般財団法人長寿社会開発センター　国際長寿センター『平成27年度 地域のインフォーマルセクターによる高齢者の生活支援、認知症高齢者支援に関する国際比較調査研究 報告書』老人保健健康増進等事業による研究報告書、2016年 3 月。

小磯明「ドイツの医療と介護——医療保険制度と介護保険改革を中心として——」福祉の協同を考える研究会『福祉の協同研究』第 6 号、2014年 3 月、pp.16-53。

小磯明「ドイツの介護保険改革（ 1 ）——介護強化法制定の背景と保険料」非営利・協同総合研究所『いのちとくらし研究所報』№68、2019年 9 月、pp.20-29。

小梛治宣「ドイツ介護保険の抜本的改革の行方」株式会社法研『週刊社会保障』№2845、2015年10月12日、pp.62-67。

松原直樹「ドイツ介護保険法の改正」桐生大学『桐生大学紀要』第29号、2018年、pp.49-58。

吉田恵子「変わるドイツの介護保険第 2 回　ドイツ介護改革第 2 弾　新要介護定義にもとづく認定がスタート」株式会社法研『月刊介護保険』№247、2016年 9 月、p.23。

和田勝編著『日本・ドイツ・ルクセンブルク　国際共同研究　介護保険制度の政策過程』東洋経済新報社、2007年。

渡辺富久子「【ドイツ】介護保険法の改正」国立国会図書館調査及び立法考査
局『外国の立法』No.253-2、2012年11月、pp.12-13。

渡辺富久子「【ドイツ】介護を強化するための介護保険法の改正」国立国会図
書館調査及び立法考査局『外国の立法』No.262-1、2015年1月、pp.12-13。

第3章　介護強化法の給付と鑑定

　前章では、「介護強化法制定の背景と評価、保険料」について述べた。本章では、「介護強化法の給付と鑑定」について述べる。

1．第1次介護強化法

（1）第1次介護強化法の概要

　2013年9月の連邦総選挙を経て、過半数議席に満たなかったCDU/CSU は、2013年12月にドイツ社会民主党（SPD）と大連立政権を8年ぶりに再び発足させた。連邦保健相には CDU のヘルマン・グレーへ（Hermann Gröhe）が就任した（2013年12月17日〜2018年3月14日）。連立協定には、介護に関して、かなりの分量で記されている（CDU/CSU/SPD 2013：83-86）。「第1次介護強化法」は、CDU/CSU と SPD の連立政権合意にしたがい、早急に改善すべきものが優先されている。

　まず、「介護給付の上限額の4％の引き上げ」が実施された。「介護保険発展法」により、介護給付の上限は、2012年までに段階的に引き上げられてきたが、その後2015年までの約3年間の物価上昇率を考慮して、さらに4％を引き上げることにした。3年前までの引き上げは、在宅介護を支援するための引き上げであり、完全施設介護については引き上げがないか引き上げ幅が少ないものであったが[1]、「第1次介護強化法」及び「認知症患者のための給付」も含めて、一律の引き上げであった。

　第二の「在宅介護の支援強化」は、「介護新構築法」[2]における代替介護利用時の介護手当半額支給と同じ方向の改正である。それまでデイケア・ナイトケアを利用する場合には、その分が在宅介護

の現物給付や介護手当から差し引かれていたが、それは差し引かれることなくデイケアやナイトケアが利用できるようにした。さらに代替介護費用の支給上限であった4週間が6週間に広げられた。制度の使い勝手についても改善が図られ、代替介護については、ショートステイを利用しない分は、上限50％以内で代替介護費用に充てることができるようになり、逆に、代替介護を利用しない分はショートステイの上限4週に4週分を上乗せすることができるようになった。

　松原直樹（2018）は、「この法改正は、要介護者とその家族・親族、それを取り巻く環境に合わせた介護を可能とするような改革とみることができる」と述べている。

　第三は、「介護保険料率の引き上げ」である。介護給付の一律引き上げや在宅介護の費用上限引き上げを実施するためには、財源が必要であり、保険料のみが財政基盤であるドイツの介護保険制度にとって、引き上げは不可避であったが、「2015年1月から0.3％引き上げられ、（一般の被保険者の保険料率は一小磯）所得の2.35％となった（第55条）。これにより介護保険の収入は1年間に36億ユーロ増える。引き上げ分0.3％のうち0.2％は、在宅介護及び施設介護のサービス改善のために使われる」（渡辺 2015）。そのうち、施設介護のサービス改善に充てられるのは年間10億ユーロである。これにより、ケアを行う者の助成が、従来の2万5,000人分から4万5,000人分に増強される。そして、今回の引き上げ分のうち0.1％については、2033年まで介護準備基金に積み立てを行い、2035年以降の保険料率の引き上げ回避に利用することとされている。

　以上のように、「『第1次介護強化法』における介護保険制度改革は『介護発展法』と『介護新構築法』によってなされた改革の延長線上にある改革であり、主に認知症対策、在宅介護支援を目指したものであった」（松原 2018）といえよう。

（2）介護者支援の強化

　介護者支援の強化については、特に第1次介護強化法において家族、もしくはボランティアについて、徹底的に強化した。具体的に何を行ったかというと、在宅給付額を増加した。たとえば、2016年段階の**表3-1**を見ると、第1次強化法によって拡大された給付の内容がわかる。（　）で記述したのは2014年時点の給付額である。現物給付、現金給付、追加的な世話給付、障害介護給付、グループホーム追加給付、住宅改造の在宅の給付額がすべて増額された。そして、部分入所、入所と比較しても、入所施設に対する現物給付との差が全体として縮小された。介護支援者の強化は、給付額の増加を通して、この段階で行われたことがわかる。

　次に、当時はまだ「要介護度0」という使い方を認知症の人に対して行っていた。2016年度以前は認知症の人への追加的な世話給付は100〜200ユーロであったが、それを104〜208ユーロに若干増額した。それに対して、在宅のグループホーム追加給付は0から205ユーロとなり、部分入所のデイ／ナイトケアは0から231ユーロと給付が受けられるようになった。特筆すべきは、短期入所（ショートステイ）は0から1,612ユーロの給付が受けられるようになったことである。このように、従来「要介護度0」の認知症の人に対する現物給付が本格的に受けられるようになった。そして、障害介護の給付と組み合わせが可能となり、年間6週間から8週間まで延長も可能となって、異種の給付の組み合わせを柔軟化した。

　さらに、現物給付で月上限額689ユーロ（要介護度1：468＋221）をもらえるとして、そのうち色々な事業者のサービスはその分しか使わないとしたら、残りの額を追加的な有償ボランティアによる世話サービスにまわすことができるようになり、かなり使い方が柔軟化された。

表3-1 2016年度ドイツ介護保険の主な給付

（単位：ユーロ／月）

給付種類		要介護度0	要介護度1	要介護度2	要介護度3	過酷ケース
在宅	現物給付 (月上限額)	231（225）	468（450） +221（215）	1144（1100） +154（150）	1612（1550）	1995（1918）
	現金給付 (月)	123（120）	244（235） +72（70）	458（440） +87（85）	728（700）	—
	追加的な 世話給付* (月上限額)	104/208 (100/200)	104/208 (100/200)	104/208 (100/200)	104/208 (100/200)	—
	障害介護 給付 (年間6週 間まで**)	1612（1550）	1612（1550）	1612（1550）	1612（1550）	—
	グループ ホーム 追加給付 (月)	205（0）	205（200）	205（200）	205（200）	—
	住宅改造	4000（2557）	4000（2557）	4000（2557）	4000（2557）	—
部分入所	デイ／ ナイト・ ケア（月）	231（0）	468（450） +221（0）	1144（1100） +154（0）	1612（1550）	—
入所	完全入所	0（0）	1064（1023）	1330（1279）	1612（1550）	1995（1918）
	短期入所 (年間6週 間***まで)	1612（0）	1612（1550）	1612（1550）	1612（1550）	—

＋：認知症など日常的能力が著しく制限されている人への追加的給付。
（ ）：2014年時点の給付額・範囲。
＊：従来認知症など日常的能力が著しく制限されている人への世話サービスに対する給付。
　（身体的障害を持つ）要介護者も104ユーロまで。
＊＊：事業者及び家族外の人への介護・世話代。従来は4週間まで、近親者や娘のみ。
＊＊＊：障害介護の給付と組み合わせが可能。それにより8週間まで延長可能。
（出所）連邦保健省及びAOKホームページより筆者作成。

（3）介護休暇中の所得補償

　また介護休暇中の所得補償も行われるようになった。もともと介護休暇というのはあまり長くなかった。これは、介護のための休みが必要になったら1週間から10日間休みを取る権利が、その人の有給休暇とは別に、介護休暇として保障されているからである。もともとは給料の補償はなかったが、「その所得補償をしていきましょう」ということになった。また最長で2年まで、本格的に会社を休むことが可能となった。その場合、職場の経営者はその人を解雇することはできない。1年でも2年でもいいが、その間介護のために、休みもしくはパートタイムなどの時短で働くことを保障することが法律で決まった。

　そもそも介護時間法（Gesetz über die Pflegezeit（Pflegezeitge-setz-PflegeZG）Vom 28. Mai 2008（BGBL. I S.874））はわずか8条で構成される。「第1条　法律の目的」で「就業者（Beschäftigate）に対し、介護の必要な近親者を家庭的環境において介護する可能性及び職業と家族介護の調和を改善する可能性を拓くことにある」（齋藤純子訳 2009b）と述べているように、「その核心は、就業者が近親者の介護のために休業する権利の導入である。介護のための休業として、短期（『労働の短期的支障（kurzzeitige Arbeitsverhin-derung）』）と長期（『介護時間（Pflegezeit）』）の2種類を規定する。ただし、長期の『介護時間』を取得することができるのは、一定規模以上の企業で働く者に限られる」（齋藤 2009a）。

　介護のための休業が認められる要介護の近親者は、第7条第3項に限定列挙されている（Joussen, Jacob 2009：72）。世代ごとにまとめると、①父母、祖父母、配偶者の父母（親世代以上）、②配偶者、人生パートナー[3]、準婚姻共同生活[4]のパートナー、兄弟姉妹（同世代）、③子、養子又は里子、配偶者もしくは人生パートナーの子、養子又は里子、子の配偶者及び孫（子世代以下）。世代に

ついては、上は祖父母から下は孫まで5世代にわたり、配偶者の父母（Schwiegereltern）や子の配偶者（Schwiegerkinder）も、同居・扶養に関わりなく含まれる。このように対象となる近親者の範囲が著しく広いことがこの法律の特徴であるが、このことは問題点の1つとしても指摘されている（Preis, Ulrich und Nehring, linda 2008：730）。他方で、継父母（Stiefeltern）や継子（Stiefkinder）は含まれない（Glatzel, Brigitte 2009：1377）[5]。また、準婚姻共同生活のパートナーの子、養子又は里子も含まれない（Linck, Rüdiger 2008：2939）。

　齋藤（2009a）は、「ドイツ法が同性のパートナー等を配偶者と同様に扱うことを別とすれば、この人的範囲は日本の育児・介護休業法とほぼ同様であるが、日本法は祖父母、兄弟姉妹及びひ孫については同居と扶養を条件としている。ドイツの介護時間法の近親者の範囲の広さは際立っている」と述べている。

　休業中の所得補償は、介護時間法をめぐる最大の争点であった。所得補償の有無は、実際に介護休業をすることができるかどうかに大きく影響するからである。この法律には、労働の短縮的支障の期間中について使用者の報酬支払義務の定めはない。したがって期間中は無給となる。ただし、他の法律の規定又は個別的労働契約や集団的労働協約の規定によって当該義務が生じる場合は別とされる[6]。

　以上のように、あまりにも小さい零細企業においては、これは認めなくてもいいという例外規定はあるが、一般的にその請求権が人々に与えられた。ただしその間の所得補償はないが、無利子で資金を貸すという制度がつくられた。しかし残念ながら、この制度を使っている人はほとんどいないということである（2017年調査）。

　やはり実際の職場では、介護休暇の所得補償はなかなか難しいことが1つである。もう1つは、ドイツの場合は有給休暇をみんな消化してしまうので、おそらく介護休暇は有給休暇から取っているの

だろうと推測される。

　2015年からの第1次介護強化法により、在宅介護支援はさらに拡大・強化された。一方で、知的・精神障害が本格的に要介護度体系に組み込まれることはなく、給付の範囲は制限されたままであった。

2．第2次介護強化法

　2015年中に成立した「第2次介護強化法」は、これまでの追加・修正で対処してきた改革と異なり、介護保険制度の枠組みを変える法改正であった。

（1）新しい要介護認定

　主な改正は、「新しい要介護認定基準への変更」である。この要介護認定基準変更の必要性は、2006年の専門家委員会での議論に始まり、法改正のたびに検討されてきたが、ようやく要介護認定基準そのものについての法改正にこぎつけたものである。課題はいうまでもなく、認知症に対応することが不可能な要介護認定基準の見直しである。専門家委員会は、2005年に社会民主党（SPD）とキリスト教民主同盟・社会同盟（CDU/CSU）の大連立内閣が成立した際に「連立合意書」の中で、介護保険の見直しが謳われており、それを受けた形でドイツ連邦保健省は、「要介護概念を再検討するための諮問委員会（Beirat zur Überprüfung des Pflegebedürftigkeits-begriffs）」（委員長ユルゲン・ゴーデ：Jürgen Gode）を2006年10月に設置している（小梛 2012）。そして、専門家委員会による「要介護概念の検証に関する専門家委員会実施報告書」が当時のウラ・シュミット連邦保健相（SPD）に提出された（Bundesministerium für Gesundheit 2009）。そこでは、認知症や精神障害などを要介護の概念の中に入れるとすれば、それは従来のような介護に要する時

間を尺度とする概念では捉えられないとして、新たに要介護者の自立の度合いを尺度として概念構築を行うことなどが提案された。さらに、2009年5月に、「要介護状態の新しい定義の具体化に関する専門家委員会（Expertenbeirat zur konkreten Ausgestaltung des neuen pflegebedürftigkeitsbegriffs）」が設置され、検討が行われてきた。そして2013年に報告書が提出された（Bundesministerium für Gesundheit 2013）。このように検討がなされてきたものの、検討が長引いたのは、疾病金庫に介護金庫が置かれているという理由による。制度の創設時にできるだけ小さな保険づくりが目指されていたためであり、介護金庫の業務の運営は、実際には疾病金庫により行われているためである[7]。

　主な改正は、「新しい要介護基準への変更」である。基本的には、身体的機能のみならず、認知機能の低下や精神障害の程度についても、要介護度の判定に含められるよう、基準を改正するというものである。要介護度の判定のためには、まず6分野について、要介護者の自立性の調査を行うこととされた。これまでケアに要する「時間」が基準となっていたが、「自立度」へと基本的な考え方が大きく変わった。

　6分野とは、①運動能力、②認知能力及びコミュニケーション能力、③行動及び心理面での症状、④日常動作、⑤病気又は治療への対処、⑥日常生活及び社会生活、である。本法の附則には、その6分野について、モジュールというその分野の能力をはかる具体的な行為・症状等が示されている。各分野の基準は**表3-2**の通りである。

　従来の要介護認定の基準に相当するのは、分野①と④である。分野②と③の基準は、従来の認知症患者のための追加給付の要件（第45a条）を拡充したものである。分野⑤と⑥は、従来の要介護認定においては考慮されていなかった基準である。⑥の分野の基準は、

表3-2　要介護認定の基準

分野	基準
①運動能力	寝返り、座位保持、移動、住居内の歩行、階段昇降
②認知能力及びコミュニケーション能力	近距離からの人の認識、場所の感覚、時間の感覚、重要な出来事又は観察の記憶、日常的多段階行為、日常生活における決定、事情及び情報の理解、リスク及び危険の認識、基礎的な欲求の伝達、要求事項の理解、会話への参加
③行動及び心理面での症状	突発的かつ不穏な行動、夜間の興奮、自傷行為、器物損壊、他者への加害行為、攻撃的な言動、介護に関連する不穏な発言、介護措置及び他の支援措置の拒否、妄想、恐怖、抑鬱、社会的に不適切な行動、介護に関連する他の不適切な行為
④日常動作	上半身前面の洗浄、整髪、陰部洗浄、洗髪を含むシャワー及び入浴、上衣の着脱、下衣の着脱、口腔の状態を考慮した調理及び飲み物に器を注ぐこと、食べること、飲むこと、トイレ又は便座の使用、尿失禁の始末並びに留置カテーテル及び人工膀胱の取扱い、便失禁の始末及び人工肛門の取扱い、腸管外又は胃ろうによる栄養摂取、18歳以下の児童において栄養摂取に深刻な問題があり、通常を超える介護集約的な支援を必要とする場合
⑤病気又は治療への対処	a) 投薬、注射、静脈注射、痰吸引及び酸素投与、薬の塗布並びに冷却及び温熱、体の状態の測定及び分析、整形外科の補助具使用、b) 包帯交換及び傷の手当て、人工肛門の装着、尿管カテーテルの定期的な使用及び排尿具の使用、自宅における治療措置、c) 自宅における時間及び技術集約的な措置、通院、児童においては障害児治療施設への通所、d) 食事療法又は病気若しくは治療に関する行動規則の遵守
⑥日常生活及び社会生活	日常生活及び変化への適応、休息及び睡眠、何かに集中して取り組むこと、将来の計画、身近な者との相互交流、身近でない者との交流

注）介護保険法第15条並びに附則1及び2に基づき、これらの基準に係る能力や自立性、症状や措置等の頻度により評価を行う。
（原資料）Sozialgestzbuch（SGB）—Elftes Buch（XI）—Soziale Pflegeversicherung.
（出所）渡辺富久子（2016）表3より筆者作成。

従来、「休息及び睡眠」以外、世話あるいは一般的な見守りの対象として捉えられており、介護の範疇にはなかった（Deutscher Bundestag 2015）。また、家事に支障があることは、これら①～⑥の分野の基準において既に考慮されるため、家事のための特別な考慮は行われない（第14条第3項）。

　従来の要介護認定においては、介護に要する時間が基準であったが、改正後の要介護認定では、上記6分野における要介護者の自立性の程度が調査される。たとえば、従来の手続きにおいては、要介護者が階段を昇る際に他者の援助が実際に行われているか否かが重要であったが、今後は要介護者本人がこれを行うことができるか否かが基準となる。つまり、従来の要介護認定では介護者に注目していたが、今後は要介護者本人の能力が重要となる（Kimmel, Andrea 2015：356）。

（2）要介護度の判定のためのモジュール
　要介護度の判定のために、法律の附則1には上記6分野に対応するモジュールと呼ばれる点数表が定められたことは上述したが、モジュールでは、各分野の基準について、その自立性や能力又は介護措置の頻度等に応じて点数が付され、6つの各分野について、それぞれ合計点が算出される。各分野には、次のような評価比重が定められている（**表3-3**）。

　この評価比重を考慮して総合点数が算出される。評価比重を考慮した総合点数表は、法律の附則2に定められている（**表3-4**）。そして、総合点数により、次のように要介護度（Pflegrad）1～5が認定される（第15条）（**表3-5**）。

　2017年1月1日には、従来、身体的機能の低下により要介護等級を認定されていた者は1つ上の要介護度に、認知機能の低下又は精神障害により要介護等級を認定されていた者は2つ上の要介護度に

表3-3　6つの各分野の評価比重

分野	評価比重
①運動能力	10%
②認知能力及びコミュニケーション能力又は③行動及び心理面での症状	15%
④日常動作	40%
⑤病気又は治療への対処	20%
⑥日常生活及び社会生活	15%

（原資料）Sozialgestzbuch（SGB）―Elftes Buch（XI）―Soziale Pflegeversicherung.
（出所）渡辺（2016）より筆者作成。

表3-4　総合評価（合計点数及び評価比重を考慮した点数）**各モジュールにおける自立性又は能力の障害の重度**

モジュール	評価比重	重度0 障害なし	重度1 軽微な 障害	重度2 相当な 障害	重度3 重大な 障害	重度4 著しく重 大な障害	
①運動能力	10%	0-1	2-3	4-5	6-9	10-15	モジュール1の合計点
		0	2.5	5	7.5	10	モジュール1の評価比重点数
②認知能力及びコミュニケーション能力	15%	0-1	2-5	6-10	11-16	17-33	モジュール2の合計点
③行動及び心理症状		0	1-2	3-4	5-6	7-65	モジュール3の合計点
②又は③のうち高い点数		0	3.75	75	11.25	15	モジュール2及び3の評価比重点数

		0 - 2	3 - 7	8 -18	19-36	37-54	モジュール4の合計点
④日常動作	40%	0	10	20	30	40	モジュール4の評価比重点数
⑤病気又は治療への対処	20%	0	1	2 - 3	4 - 5	6 -15	モジュール5の合計点
		0	5	10	15	20	モジュール5の評価比重点数
⑥日常生活及び社会生活	15%	0	1 - 3	4 - 6	7 -11	12-18	モジュール6の合計点
		0	3.75	75	11.25	15	モジュール6の評価比重点数
⑦家庭外活動	ケアプラン及び介護プランのための手がかりは、上記6分野の評価から得られるため、⑦及び⑧のモジュールの点数は、総合点数で考慮する必要がない。						
⑧家事							

（原資料）Sozialgestzbuch（SGB）―Elftes Buch（XI）―Soziale Pflegeversicherung.
（出所）社会法典第11編―公的介護保険、附則2より筆者作成。

表3-5　総合点数により要介護度1～5が認定

総合点数	認定
12.5点以上27点未満	要介護度1（自立性又は能力の軽微な障害）
27点以上47.5点未満	要介護度2（自立性又は能力の相当な障害）
47.5点以上70点未満	要介護度3（自立性又は能力の重大な障害）
70点以上90点未満	要介護度4（自立性又は能力の著しく重大な障害）
90点以上100点未満	要介護度5（自立性又は能力の著しく重大な障害及び介護における特別な困難）

（出所）表3-3と同じ。

自動的に移行した。改善の結果、従来の要介護等級１よりも新しい要介護度１の方が全体として給付額は増える。また、要介護度が５段階になったことにより、新たに50万人の要介護者が増えると予想されていた（Die Bundesregierung 2015）。

（3）改正後の給付

　要介護度１（自立性又は能力の軽微な障害）の要介護者には、要介護者ができる限り自立して在宅でいられるように、また、より重度の要介護度に移行することを回避するために、自律性の維持又は回復を目的とした給付、特に予防を重視した給付が行われる。そのために、要介護度１の要介護者のための給付としては、介護相談（第7a 条及び第7b 条）[8]、介護補助具（第40条第１項～第３項）、住環境改善措置（第40条第４項）、入所介護施設における追加的な世話及び脳活性化の措置（第43b 条）等が定められている（第28a 条）。

　他方、在宅介護の場合の現物給付及び現金給付、部分施設介護並びに完全施設介護は、特に要介護度２～５の要介護者のための給付とされた。ただし、要介護度１の者が完全施設介護を選択する場合には、費用の償還として125ユーロの補助金を受けることができる（第43条第３項）。改正後の給付の概要は**表３-６**の通りである。

　その他、給付に関して、渡辺（2016）では、主要な変更点として次の４点を指摘している。

① 従来、在宅介護の現物給付は「身体的介護の措置と家事支援であったが、改正後は世話措置が追加される（第36条）。従来も、在宅介護サービスの１つとして世話を請求することもできたが、そのためには、身体的介護及び家事支援が確保されていることが条件とされていた。世話措置とは、たとえば、散歩や親せき・知人訪問、墓参等の付添いである。また、要介護度を判定する６分野の基準に係る介護措置も請求対象となり、総じて現

表3-6 改正（2017年1月1日施行）後の介護保険の給付一覧

（単位：ユーロ）

給付の種類		要介護度				
		1	2	3	4	5
在宅介護	現金給付（月）	—	316	545	728	901
	現物給付（月）	—	689	1,298	1,612	1,995
	近親者による代替介護（年6週まで）	—	474	8,175	1,077	1,352
	近親者以外による代替介護（年6週まで）	—	1,612 [注1]			
	介護用品（消耗品）（月）	40				
	介護補助具	優先的に貸与。調達の場合は、自己負担0％。ただし最高でも25。				
	住環境改善措置	1措置につき4,000。複数の要介護者が共同で請求するときには最高で16,000。				
部分施設介護	デイケア・ナイトケア（月）	—	689	1,298	1,612	1,995
	ショートステイ（年4週まで）	—	1,612 [注2]			
完全施設介護	完全施設介護（月）[注3]	125	770	1,262	1,775	2,005
追加給付	負担軽減手当（月）[注4]	125				
	介護グループホーム入居の場合の追加給付（月）	214				
創設助成	介護グループホーム創設助成	2,500。複数の要介護者が共同で請求するときには最高で10,000。				

注1）ショートステイの未利用分のうち806ユーロまでを上乗せして、2,418ユーロまでとすることができる。

注2）代替介護の未利用分のうち、1,612ユーロまでを上乗せして、年間8週まで3,224ユーロを上限とすることができる。

注3）現在、認知症ではなく要介護等級1又は2を認定されている者は、新制度への移行後、完全施設介護の給付は減ることになる。

注4）この給付は、デイケア・ナイトケア、ショートステイ、世話や家事支援等の在宅介護のための現物給付、家事支援サービス又は州法の規定により承認されたボランティアによる世話及び負担軽減サービスを利用するためのものである。

（出所）表3-3と同じ。

物給付のための範囲が拡大される。

②　従来、施設介護のための給付は、施設における介護のための費用を賄うものであるが、改正により、世話のための費用も対象となる（第41条〜第43条）。

③　改正により、入所介護施設の要介護者は、追加的な世話及び脳活性化の措置の請求権を有するようになる（第43b 条）。この請求権の新設により、各介護施設は世話のための人員を確保しなければならなくなる。

④　従来の「（認知症患者のための）世話及び負担軽減のための追加給付」は、「負担軽減手当（Entlastungsbetrag）」と名称変更された（第45b 条）。請求の上限額は、一律125ユーロ／月である。内容は従前どおりであり、要介護度１の要介護者も請求可能である（第28a 条第２項）。参考として、**表３−７**に従来の給付「改正（2017年１月１日施行）前の介護保険の給付一覧」を掲げたので、参照されたい。

（4）他の改正

　介護保険法の他の主要な改正には、次のようなものがある。松原（2018）は要領よくまとめているが、ここでは、渡辺（2016）の６つの指摘を参考に述べることとする。

①介護者の定義及び支援

　従来、介護者は、「１又は複数の要介護者を週に14時間以上介護する者」であったが、介護のための時間は「通常週に２日以上で合計10時間以上」と改められた（第19条）。また、年金保険及び労災

表3-7　改正（2017年1月1日施行）前の介護保険の給付一覧

(単位：ユーロ)

給付の種類		要介護等級			
		0	1	2	3 [過酷な場合]
在宅介護	現金給付（月）	—	244	458	728
	現物給付（月）[注1]	—	468	1,144	1,612 [1,995][注2]
	認知症患者のための現金給付（月）	123	316	545	728
	認知症患者のための現物給付（月）	231	689	1,298	1,612 [1,995][注2]
	近親者[注3]による代替介護（年6週までの総額）		366	687	1,092
	認知症患者のための近親者[注3]による代替介護（年6週までの総額）	1,845	474	8,175	1,092
	近親者以外による代替介護（年6週までの総額）	1,612[注4]			
	介護用品（消耗品）（月）	40			
	介護補助具[注5]	優先的に貸与。調達の場合は、自己負担10％。ただし最高でも25。			
	住環境改善措置	1措置につき4,000。複数の要介護者が共同で請求するときには最高で16,000。			
部分施設介護	デイケア・ナイトケア（月）	—	468	1,144	1,612
	認知症患者のためのデイケア・ナイトケア（月）	231	689	1,144	1,612
	ショートステイ（年4週までの総額）	1,612[注6]			
完全施設介護	完全施設介護（月）	—	1,064	1,330	1,612 [1,995][注2]

追加給付	世話及び負担軽減のための追加給付（月）注7)	104
	認知症患者のための世話及び負担軽減のための追加給付（月）注7)	104又は208
	介護グループホーム注8)入居の場合の追加給付	205
創設助成	介護グループホーム創設助成	2,500。複数の要介護者が共同で請求するときには最高で10,000。

注1）価額の表示である。
注2）[　]内の額は、過酷な場合の給付額である。
注3）2親等以内の親族。
注4）ショートステイの未利用分のうち806ユーロまでを上乗せして、2,418ユーロまでとすることができる。
注5）介護ベッドや車いす等。
注6）代替介護の未利用分のうち1,612ユーロまでを上乗せして、年間8週まで3,224ユーロを上限とすることができる。
注7）この給付は、デイケア・ナイトケア、ショートステイ、世話や家事支援等の在宅介護のための現物給付、家事支援サービス又は州法の規定により承認されたボランティアによる世話及び負担軽減サービスを利用するためのものである。
注8）介護グループホームは、施設介護の範疇に入らず、在宅介護の形態の1つとされている。介護グループホームにおいては、24時間在宅介護サービスの職員による世話が行われ、日常生活上の刺激も多く、病気の進行を遅らせることができるとされている。そのため、このような介護グループホームは、認知症患者等の要求に適うものとされている。
（資料）Bundesministerium für Gesundheit, *Ratgeber zur Pflege*, Berlin, 2015, S. 36 ff.
（出所）表3-3と同じ。

保険の保険料は介護金庫から支払われているが、改正により、要介護度2以上の要介護者の介護のために離職して介護を行う場合に、失業保険料も介護金庫から支払われることになった（第44条第2b項）。

② 「リハビリ優先」の原則の強化
　従来、メディカルサービスは、要介護状態の判定に際し、リハビリが適切か否かについても調査し、介護金庫に勧告している。しかし、リハビリが勧告されるのは0.4%に過ぎなかった（Deutscher

Bundestag 2015：90)。実効性を強化するため、改正により、メディカルサービスによるリハビリの適切性の調査は、連邦統一の規格化された手続きによることとされた（第18条第6項、2016年1月1日施行）。また、メディカルサービスが介護補助具の支給を勧告した場合において、本人が同意したときには、当該勧告が介護補助具の申請とみなされることになった（第18条第6a項）。

③施設介護のための自己負担

　入所介護施設の利用料のうち、介護保険の給付で賄うことができない分は、要介護者が負担する。入所介護施設の利用料は、施設における介護、世話及び医療上の治療介護の対価であり、要介護者及び介護金庫が負担する（第84条）。従来、要介護者の負担は、要介護等級が上がるにつれて増えていたが、改正により、同じ入所介護施設における要介護者の負担は、要介護度に関わらず同一の額となる（第84条）。連邦平均の自己負担額（要介護度2～5）は、580ユーロ／月となる（Bundesministerium für gesundheit 2016：18)。

④入所介護施設の人員基準

　従来、入所介護施設のための連邦で統一的な人員基準（介護職員1人当たりの要介護者数）はなく、各州において要介護等級ごとに人員基準が定められていた。たとえば、要介護度2では、介護職員1人につき要介護者2.2人から4人までと、州により異なる。他の人員に占める介護専門職員の最低割合は50％（施設人員基準令第5条）という基準がある[9]。改正により、2020年6月30日までに、介護の量及び質を考慮して入所介護施設の必要な人員数を決めるための統一的な手続きを連邦で策定及び試行しなければならないことが定められた（第113c条、2016年1月1日施行）。策定するのは、連邦介護金庫連合会、連邦広域社会扶助事業者連合会、連邦レベルの

地方自治体連合組織及び連邦介護施設事業者団体である。

⑤介護ボランティアサービス

　従来、ボランティアグループによる世話サービス及び負担軽減サービス（niedrigschwellige Betreuungs- und entlastungsangebote）には、介護保険等から助成が行われている（第45c 条）。これらが「日常生活援助のためのサービス（Angebote zur Unterstützung im Alltag)」という市民にわかりやすい名称で括られることになった（第45a 条）。日常生活援助のためのサービスは、ボランティアによる①世話サービス、②介護者の負担軽減サービス及び③日常生活の負担軽減サービスに区分された。これらのサービスが州の所管官庁の承認を要すること、質を確保しなければならないこと及び在宅の要介護者（要介護度 2 ～ 5）は現物給付の価額の40％までをボランティアサービスの請求のために使うことができることは、従前どおりである。

⑥保険料率

　新しい要介護認定が保険財政に与える影響を考慮して、保険料率が0.2％引き上げられ、2.55％（被用者の場合労使折半）とされた（第55条）。保険料率は法律で定められ（第55条）、全国一律である。子どもがいない23歳以上の者の保険料率は、折半分に0.25％を加えた1.525％となる。制度が移行する当初は、これに伴う事務経費がかかるため支出が収入を上回る見込みであるが、介護保険の準備金を取り崩して対応し、2022年以降に安定する見通しであった。

（5）認知症患者の給付の改善

　第 2 次介護強化法は2015年に成立した。本法は、これまでの追加・修正で対処してきた改革と異なり、介護保険制度の枠組みを変

える法改正であった。第2次介護強化法の最大の焦点は、身体的障害に重点が置かれていた要介護定義が改まり、認知症をはじめとする知的・精神障害も同等に考慮されるようになったことである。

　吉田（2016）は、ヘルマン・グレーヘ連邦保健大臣の言葉として「導入以来20年経った今我々は、社会介護保険を新たな基盤の上に置こうとしている。これにより初めて、身体的障害を持とうが認知症だろうが全ての要介護者が同等に介護給付へのアクセス権を得ることになる」と紹介している。

　第二の介護改革では、やっと認知症への給付の改善が本格的に行われた。認知症も含めた要介護度の認定が始まったのは2017年1月1日からであった。その結果がどうなっているかという資料はまだない状況であった[10]。推計では「約50万人が新たに認定を受けるようになるだろう」と言われた（連邦企業金庫連合会）。うち大半は認知症者であろうと言われていた。

　業界の定義も「自律性と各種能力の支障のためにどれくらい支援が必要か」という形に変えていくことになった。「今までは支援に何時間かかるか」、「90分以上かかると要介護度1」というような基準で決めていたが、まったく違うシステムになった。そうしたことから「要介護度0」は廃止された。では、今まで要介護度0だった人はどうなったかというと、いちいち認定作業などしないで、自動的にプラス2ということで、「介護度2」に変更になった。**表3−6**と**表3−7**を比べてみると、かなり給付額がよくなったことがわかる。ちなみに、要介護度の名称も従来の介護段階（Pflegestufe）から介護度（Pflegerad）に変更された（**表3−8**）。よって、本書でもこれ以降、要介護度ではなく介護度と記述する。

　同時に今まで要介護認定をもらわないで体が丈夫で認知症だけという人は、入所施設に入っても、現物給付がまったくもらえなかった（**表3−1**の完全入所0ユーロ）が、要介護体系に組み込まれた

表3-8　2017年からのドイツ介護保険の主な給付額

(単位：ユーロ／月)

給付種類	介護度1	介護度2	介護度3	介護度4	介護度5
現金給付（在宅）	―	316	545	728	901
現物給付（在宅）／部分入所	―	689	1,298	1,612	1,995
グループホーム（追加給付）(在宅＋)	214	214	214	214	214
負担軽減手当*（在宅、償還）	125	125	125	125	125
現物給付（入所）	125	770	1,262	1,775	2,005
入所者（介護度2〜5）負担定額**（ただし全国平均見通し）	―	580	580	580	580

＊負担軽減手当：日常生活能力に大きな支障のある人の家族が、たとえば有償ボランティアによる通所もしくは在宅の世話サービスを利用した際に、領収書と引き換えに最高125ユーロ／月まで償還を受けられる。支援内容は、認知症者の世話（見守りなど）が中心だが、改革により最近は家事や買い物までバリエーションが広がっている。
＊＊入所者負担定額：ドイツでは介護ホームごと、及び要介護度によって介護料金が異なる。よってこれまでは要介護度が高いほど自己負担額が増える仕組みになっていたが、2017年からはこの負担額に、介護度2〜5に共通の上限を設ける。額はホームごとに異なる。対象は介護料金であり、食費・居住・投資費は対象外。
（出所）ドイツ連邦保健省。

ことによって、既に給付を受けている人は新たに認定手続きを受けなくても介護度2（770ユーロ）になるので、どんな人でも施設に入っても給付が受けられることに初めてなった。つまり知的な障害を持つ人は介護度が2度分引き上げられた。そして身体に障害を持つ人は介護度が1度分引き上げられた。これは、非常に大きな成果である。

　介護度1については不十分と思われるかもしれないが、比較的軽度な要介護者の状態の悪化を防ぐ目的で設けられた。従来は要介護認定が受けられなかった介護ニーズが比較的低い人が対象となり、

相談、一般的な世話、住環境の適正化のための給付等が与えられた。

　この要介護認定制度は 6 分野における自立度とその人が持っている能力を評価していく。6 分野は 6 モジュールと言われているが、それぞれ①運動能力（モビリティ）、②認知能力及びコミュニケーション能力、③行動及び心理面での症状、④日常動作（セルフケア）、⑤病気又は治療への対処（精神的問題、医療的処置）、⑥日常生活及び社会生活（生活形成、社会的接触）という分野に分かれている。そして、「②認知能力及びコミュニケーション能力」と「③行動及び心理面での症状」は、それぞれの分野ごとに点数を出すが、どちらか点数の高い方だけを考慮することになっている。全体として①〜⑥までそれぞれの分野ごとに点数の比重が決まっていることは既に述べた（表 3 - 3 ）。

　「運動能力」はモビリティのことで、これは「移動」という意味だが、「寝返りを打てるか」（体位変更の際の自立性）とか「家の中をきちんと歩くことができて移動に問題がないか」（短距離の前進運動）、そういった項目がいくつかある。項目ごとに自立度に応じて点数がつくが、モビリティに関しては、全体の評価の中で10％の比重になる。

　最も大きく40％の比重とされている「日常動作」はセルフケアの分野で、これは「衛生ケア」や「食事を自分でとれるか」などである。つまり、食事や身体ケアといった日常生活動作における自立性である。そしてその他が「認知能力及びコミュニケーション能力」もしくは「行動及び心理面での症状」が15％の比重である。また「病気又は治療への対処」の「医療的処置」は「自分で薬が飲めるか」といった服薬、「自分で包帯を替えないといけないようなとき、包帯を替えることができるか」といった傷の手当になる。これが20％の比重になる。そして「日常生活及び社会生活」は「生活形成・社会的接触」のことであり、おしゃべりができるかではない。おし

ゃべりは「コミュニケーション能力」である。「自分で1日の計画
を立てて、それなりに行動ができるか」、「一人で外に出られるか」
である。これが15％の比重になる。

　純粋に身体的な能力をみているのは、モビリティの移動の部分だ
けである。あとの能力はどの分野も精神面・知的面が関わってくる
分野になる。そういったことから認知症が精神面または行動様式で
異常という部分のみではなく、全体に評価できるような形になって
要介護の鑑定（日本でいう認定）制度に変わった。

（6）誰がどのように鑑定を行うか

　それでは、「6分野（モジュール1～6）における自立度・能力
の評価」は現状で誰が鑑定するのか。それは、MDK（Medizinische
Dienst der Krankenkassen：医療保険メディカルサービス）である
（小磯 2007）。彼らは自分たちのことを、「疾病金庫、介護金庫のコ
ンサルタント機関」と言っている。職種は看護師と医師が多く、彼
らが鑑定する。鑑定の時に使うチェックリストは、渡辺（2016）に
詳しい。モジュール1から6の点数表があるので、参考にモジュー
ル1から3までを紹介する。モジュール4から6は省略する。

　モジュール1には5つの基準があり、その自立性を各カテゴリー
の点数によって評価する（**表3-9**）。

　モジュール2には11の基準があり、その能力の有無を各カテゴリ
ーの点数によって評価する（**表3-10**）。

　モジュール3には13の基準があり、その頻度を各カテゴリーの点
数によって評価する（**表3-11**）。

　このように、0点、1点、2点、3点と、項目ごとに点数があっ
て、0点が「自立している」（自立）。そして次の段階の1点は「だ
いたいにおいて自立している」（概ね自立）。次の2点は「だいたい
において自立していない」（概ね非自立）。最後の3点は「自立して

表3-9　モジュール1　運動能力の分野の点数

番号	基準	自立	概ね自立	概ね非自立	非自立
1.1	寝返り	0	1	2	3
1.2	座位保持	0	1	2	3
1.3	移動	0	1	2	3
1.4	住居内の歩行	0	1	2	3
1.5	階段昇降	0	1	2	3

（出所）表3-3と同じ。

表3-10　モジュール2　認知能力及びコミュニケーション能力の分野の点数

番号	基準	自立	概ね自立	概ね非自立	非自立
2.1	近距離からの人の認識	0	1	2	3
2.2	場所の感覚	0	1	2	3
2.3	時間の感覚	0	1	2	3
2.4	重要な出来事又は観察の記憶	0	1	2	3
2.5	日常的な多段階的行為	0	1	2	3
2.6	日常生活における決定	0	1	2	3
2.7	事情及び情報の理解	0	1	2	3
2.8	リスク及び危険の認識	0	1	2	3
2.9	基礎的な欲求の伝達	0	1	2	3
2.10	要求事項の理解	0	1	2	3
2.11	会話への参加	0	1	2	3

（出所）表3-3と同じ。

表3-11　モジュール3　行動及び心理症状の分野の点数

番号	基準	自立	概ね自立	概ね非自立	非自立
3.1	突発的かつ不穏な行動	0	1	2	3
3.2	夜間の興奮	0	1	2	3
3.3	自傷行為	0	1	2	3
3.4	器物損壊	0	1	2	3
3.5	他者への加害行為	0	1	2	3
3.6	攻撃的な言動	0	1	2	3
3.7	介護に関連する不穏な発言	0	1	2	3
3.8	介護措置及び他の支援措置の拒否	0	1	2	3
3.9	妄想	0	1	2	3
3.10	恐怖	0	1	2	3
3.11	抑鬱	0	1	2	3
3.12	社会的に不適切な行動	0	1	2	3
3.13	介護に関連する他の不適切な行為	0	1	2	3

（出所）表3-3と同じ。

いない」（非自立）となる。これを鑑定者が要介護者宅を訪問して、効率的に評価できるように、コンピュータを使って鑑定する。しかし、モジュールの基準についていちいち聞かないそうである。そうすると時間がかかってしまう。実際に見たり、ある一定の運動をしてもらったり、「これはできるか」などと話を聞いたり、家族から話を聞いたりしながら結果を決めるという。全部で質問数（基準数）は66である（**表3-12**）。これを「5分くらいでこなす」と言っ

表3-12　モジュール１〜６　基準番号と基準数

	基準番号	基準数
モジュール１	1.1 〜 1.5	5
モジュール２	2.1 〜 2.11	11
モジュール３	3.1 〜 3.13	13
モジュール４	4.1 〜 4.13＋4.K	14
モジュール５	5.1 〜 5.16＋5.K	17
モジュール６	6.1 〜 6.6	6
合計		66

注１）基準4.K の点数は、月齢18月以下の児童においては、4.1から4.13までの基準を4.K に
　　置き換えて「栄養摂取に深刻な問題があり、通常を超える介護集約的な支援を必要とする
　　場合」は20点のように評価する。
注２）5.K の基準は「障害児治療施設への通所」であり、「該当なし又は自立」は０、「週の
　　頻度に次の数を乗ずる」は4.3、「月の頻度に次の数を乗ずる」は１である。5.13から5.K
　　の各基準については、最初に、６月以上継続して定期的に毎週行う通院又は通所の平均回
　　数及び６月以上継続して定期的に毎月行う通院又は通所の平均回数を調査する。定期的に
　　毎月行う１の通院又は通所には１を乗じ、定期的に毎週行う１の通院又は通所には4.3を
　　乗じて評価する。他の医療施設又は治療施設への３時間超かかる通所については、点数を
　　倍にして評価する。基準5.12から5.15までの点数―児童においては5.K までの点数―を合
　　計する。この合計点数を次の点数によって評価する。０点から4.3未満は０点、4.3点以上
　　8.6点未満は１点、8.6点以上12.9点未満は２点、12.9点以上60点未満は３点、60点以上は
　　６点である。
（出所）渡辺（2016）を参考に筆者作成。

ていた。なお、要介護認定の基準については、**表3-2**にまとめた
ので再度参照されたい。
　以上が第２弾の介護改革の概要である。

３．第３次介護強化法

　2016年12月には、「第３次介護強化法」が可決され、2017年１月
から施行されている[11)]。本法は、要介護者に直接関わる制度改正と
いうより、要介護者が生活している地域の自治体による介護に関わ
る役割を強化することがその目的である。その法内容は、第一に

2008年の「介護保険発展法」により設置することが可能となった介護支援拠点を新たに設置するための権限を、地方自治体に 5 年間の限度で付与するというものである。

　次に、それまで介護金庫が実施してきた介護相談事業について、地方自治体の介護相談員が実施するというモデル事業を全国60カ所で実施するというものである。さらに、地方自治体による追加的な介護給付の実施とそのための財源確保もその内容となった。

　このように「第 3 次介護強化法」は、行政を中心とした介護の地域拠点整備を可能とするような制度改革を規定することとなった。これは、日本の地域包括ケアシステムの整備に似通っている制度改革であるとも考えられている（松原 2018）。しかし筆者らが訪問した2017年の視察調査から新型コロナ感染症のパンデミック発生前の2019年 8 月まで 2 年が経過した時点では、モデル事業を開始した自治体はまだ 1 つもなかった[12]。

　このように直近で行われた第 3 次介護強化法は、まさに「自治体の役割を強化していこう」というものであった。特に地方自治体は、これまで介護においては相談事業にまであまり入ってこなかった。結構しっかりやっている自治体もあることはあるが、政策の中で首長の好意でやっているところがあり、義務ではなかった。

　「介護支援センター」は地方自治体と介護金庫がそれぞれ金を出し合って、ワンストップサービスのような形で色々なことを聞けるような相談所を増やそうとしているが、どうしても、今までのところは介護金庫主導になっているのが実態である。たとえば、社会福祉やその町にあるボランティアサービスなどを紹介するところまで至っていない。本当はそこが大切な制度になっているので、そこのところを何とかしなければならないということで、総合的な介護相談構造整備のためのモデル事業を今回の改革でスタートした。ただしこれは、ゆっくりとしか動きそうにないプロジェクトである。

それは、まず「モデルプロジェクトを提案してください」と自治体に声をかける。それで、「見本になりそうなものにはお金を出していきますよ」ということにして、まず決めていくという作業がある。その後でモデルプロジェクトが何年かにわたって行われ評価されて、進めるかやめるかを考えるという段取りになった。

　これが第3次介護強化法の概要である。

4．まとめ

　以上述べてきたように、ドイツの介護保険の給付は明らかに改善された。総じて新制度下では、既に受給権を持つ人は、少なくとも従来と同程度の、大半の人はこれまで以上の給付を受けられるようになった。そして新認定制度は、身体的支障と知的・精神的な支障の両方をより適切に把握しているといえよう。

　もう1つ日本との比較で指摘するなら、日本では軽度な介護保険制度利用者の利用抑制が進められているが、ドイツの介護度1について、「不十分と思われるかもしれないが、比較的軽度な要介護者の状態の悪化を防ぐ目的で設けられた。従来は要介護認定が受けられなかった介護ニーズが比較的低い人が対象となり、相談、一般的な世話、住環境の適正化のための給付等が与えられた」と先述したように、ドイツでは軽度者への介護保険給付が新たに設けられたことは、日本との比較においてまったく正反対の施策の実施であり、特筆すべきである。

　さらに、第3次介護強化法によって地方自治体の役割は法的には強化されたが、モデルプロジェクトの実施はいよいよこれからであり、この点でも今後のドイツでの取り組みは注目すべきと考える。

注

1 ）小磯明（2014：16-53）。特に「Ⅱ．ドイツの介護保険改革」「3．2008年改革の概要」を参照のこと。

2 ）小磯明（2014：16-53）。特に「Ⅱ．ドイツの介護保険改革」「4．新たな改革への取り組み」を参照のこと。

3 ）人生パートナーとは、「人生パートナー法」に基づいて締結された人生パートナーシップ（Lebenspartnerschaft）のパートナーである。同性の者 2 名が、婚姻に類似した関係を登録することができる。鳥澤孝之（2010：35）は「ドイツでは、2001年に『生活パートナー法 Gesetz über die Eingetragene Lebenspartnerschaft (Lebenspartnerschaftsgesetz) vom 16. Februar 2001 (BGBI. I. S.266)』が成立し、官庁に登録した同性カップルについて婚姻に準じた保護が認められるようになった」と述べている。詳しくは、戸田典子（2002）を参照のこと。それ以前には、ハンブルグ市が1999年から同性カップルの登録パートナーシップ制度（いわゆる「ハンブルグ婚 Hamburger Ehe, hamburg.de.」）を始めるなど同性パートナーの保護に向けた動きが活発化していた。法文の和訳については、渡邉泰彦（2001）を参照のこと。

4 ）準婚姻共同生活（Eheähnliche Gemeinschaft）とは、非婚姻の内縁関係を指す。山田晟著『ドイツ法律用語辞典（改訂増補版）』大学書林、1993年、p.169参照。同書では「同棲関係、内縁関係、準婚姻的共同生活」という訳語を当てている。

5 ）特に継子の除外は違憲の疑いがあるが、限定列挙である以上、合憲となるように解釈することもできないと指摘されている。

6 ）他の法律の規定又は個別的労働契約や集団的労働協約の規定によって当該義務が生じる場合については、齋藤（2009a）で詳しく述べているので、参照されたい。

7 ）この点についての詳細は、山田誠（2013：13）を参照されたい。

8 ）介護相談は、給付の選択及び請求に関する助言であり（第7a 条）、給付の申請後原則 2 週間以内に行われる（第7b 条）。

9 ）Greb, Stefan und Stegmüller, Klaus（2016：26f）参照。

10）視察調査当時の2017年11月においては、「どこの保険者に聞いても、まだない」と言われていた。

11）第 3 次介護強化法はいつから始まったかというと、筆者らが視察訪問した2017年から施行された。ちなみに第 2 次介護強化法は2015年中に成立した。本法は、これまでの追加・修正で対処してきた改革と異なり、介護保険制度の枠組みを変える法改正であった。ただし、施行されたのは2017年 1 月 1 日からである。それは新しい要介護度が実施されたのが 1 月 1 日だが、それ以外に関しては徐々に第 2 次改革は施行されてきていた。これからやることはすべて謳っているが、施行は数年後からになるものがあったりするし、2018年以降など、一斉に始まったわけ

ではない。ケースマネジメントもこの枠の中で、今後拡大していこうとは考えていないようであった。ただし複雑なケースの場合はケースマネジメントすることだけは当時決まっていたにもかかわらず、相談所によって「誰が複合的か」、「複合的な人をどうやって探していくのか」など、介護金庫ごとに全然違っていたのが現状であった。2017年当時は、スタンダード化を目指してガイドラインをつくっているところであった。そのような段階であったので、すべてが段階的に整備されていった。それと保健相ウラ・シュミット氏は、介護保険改革を「抜本的にしなければいけない」と長い間言い続けてきた人であった。そのもとで働いていた保険局長のフランツ・クニープス氏は、「すごくいい制度の下地はできた。しかし、これからサービスをどのように豊かにしていくか、この改革の命の部分はそこにある」と言っていた（2017年調査）。ということで、筆者らが視察訪問したときには、新しい介護保険制度の枠組みだけができた段階で、実際には変わっていない状況であった。

12）2019年8月7日に来日したフランクフルト在住の吉田恵子氏の聞き取りから。ドイツ介護保険においては、自治体は日本のように保険者ではないことから、保険者の介護金庫と一緒に何かをするといった場合、そのインセンティブが弱いためと考えられている。

文献

AOK ホームページ。

Kimmel, Andrea. Das neue Begutachtungsverfahren zur feststellung der pflegebedürftigkeit, *Sozial Sicherheit*, 64（10）, 357-364, 2015.

Bundesministerium für Gesundheit, *Bericht des Beirats zur Überprüfung des Pflegebedürftigkeitsbegriffs,* 26. Januar 2009.

Bundesministerium für Gesundheit, *Bericht des Expertenbeirats zur konkreten Ausgestaltung des neuen Pflegebedürftigkeitsbegriffs*, 27. Juni 2013.

Bundesministerium für Gesundheit, *Ratgeber zur Pflege,* Berlin, 2015, S. 36 ff.

Bundesministerium für Gesundheit, *Das Pflegestärkungsgesetz II: Das Wichtigste im Überblick*, Berlin. 2016.

CDU/CSU/SPD, *Deutschlands Zukunft gestalten*, CDU/CSU/SPD, 2013.

Deutscher Bundestag, *Drucksache 18/5926*, 07. 09. 2015.

Die Bundesregierung, *Zweites Pflegestärkungsgesetz: Mehr Leistung und Qualität in der pflege*, 18 Dezember 2015.

Gesetz über die Eingetragene Lebenspartnerschaft（Lebenspartnerschaftsgesetz） vom 16. Februar 2001（BGBI. I. S.266）.

Gesetz über die Pflegezeit（Pflegezeitgesetz-PflegeZG）Vom 28. Mai 2008
（BGBL. I S.874）.

Hamburger Ehe, hamburg.de.（https://www.hamburg.de/pressearchiv-
fhh/9629854/2017-10-01-bwfg-ehe-fuer-alle/）.

Joussen, Jacob. Streitfragen aus dem Pflegezeitgesetz, *Neue Zeitschrift für
Arbeitsrecht（NZA）*, 2009, 69-74.

Linck,Rüdiger. Offene Fragen des Pflegezeitgesetzes, *Betriebs-Berater*,
8.12.2008.

Preis, Ulrich/Nehring, Linda, Das Pflegezeitgesetz, *Neue Zeitschrift für
Arbeitsrecht*,（*NZA*）, 2008, 729-736.

Sozialgesetzbuch（SGB）- Elftes Buch（XI）- Soziale Pflegeversicherung
（Artikel 1 des Gesetzes vom 26. Mai 1994, BGBl. I S. 1014）.

Greb, Stefan und Stegmüller, Klaus. Gesetzliche Personalbemessung in der
stationären Altenpflege, Hochschule Fulda, 2016.

小磯明「苦悩するドイツの介護保険——バイエルン州 MDK の視察と最近の動
向から——」福祉の協同を考える研究会『福祉の協同研究』第 1 号、2007
年 7 月、pp.39-46。

小磯明「ドイツの医療と介護——医療保険制度と介護保険改革を中心として
——」福祉の協同を考える研究会『福祉の協同研究』第 6 号、2014年 3 月、
pp.16-53。

小梛治宣「ドイツにおける介護保険改革の新たな動向」株式会社法研『週刊社
会保障』No.2683、2012年 6 月25日、pp.48-53。

齋藤純子「ドイツの介護休業法制」国立国会図書館調査及び立法考査局『外国
の立法』No.242、2009a 年12月、pp.71-83。

齋藤純子訳「介護時間に関する法律（介護時間法）2008年 5 月28日（連邦法律
広報第 I 部874頁）Gesetz über die Pflegezeit（Pflegezeitgesetz-PflegeZG）
Vom 28. Mai 2008（BGBL. I S.874）」国立国会図書館調査及び立法考査局
『外国の立法』No.242、2009b 年12月、pp.84-86。

戸田典子「人生パートナーシップ法——同性愛の『結婚』を認めたドイツ」国
立国会図書館調査及び立法考査局『外国の立法』No.212、2002年 5 月、
pp.20-30。

鳥澤孝之「諸外国の同性パートナーシップ制度」国立国会図書館『レファレン

ス』2010年 4 月、pp.2-44。

松原直樹「ドイツ介護保険法の改正」桐生大学『桐生大学紀要』第29号、2018
　　年、pp.49-58。

山田晟著『ドイツ法律用語辞典（改訂増補版）』大学書林、1993年。

山田誠「ドイツの介護保険と補完性原則の今日―― 2 つの介護保険改革から見
　　えるドイツ社会国家の一断面――」鹿児島大学『経済学論集』80号、2013
　　年 3 月。

吉田恵子「変わるドイツの介護保険　第 1 回　ドイツ介護改革第 2 弾　認知症
　　への給付が本格化」株式会社法研『月刊介護保険』No.246、2016年 8 月、
　　p.23。

渡辺富久子「【ドイツ】介護を強化するための介護保険法の改正」国立国会図
　　書館調査及び立法考査局『外国の立法』No.262- 1 、2015年 1 月、pp.12-13。

渡辺富久子「ドイツにおける介護保険法の改正――認知症患者を考慮した要介
　　護認定の基準の変更――」国立国会図書館調査及び立法考査局『外国の立
　　法』No.268、2016年 6 月、pp.38-89。

渡邉泰彦「同性の生活パートナーシップとは？―ドイツ生活パートナーシップ
　　法成立をめぐる議論」徳島文理大学『徳島文理大学研究紀要』No.62、2001
　　年 9 月、pp.116-117。

第4章　介護強化法の補論と示唆

　これまで述べてきたドイツの介護強化法の背景と評価、保険料、給付と鑑定に続いて本章は、介護強化法の補論と示唆について述べる。

1．鑑定と介護相談

（1）介護区分の変更

　第2次介護強化法によって、要介護度の判定のためモジュールと呼ばれる点数表が定められたことは前章で述べたところである。このように点数表によって介護度が決められるのであるが、日本の場合でいうと「その介護度ではないだろう」というとき、区分変更をかけたりするが、ドイツでは良い方向に介護度が変わったりすることはあるのだろうか。つまり、本人が不服を申し立てると、「もう1回鑑定し直し」という区分変更はあるのだろうか。

　たとえば、介護度2が鑑定で出たとする。「しかし、介護度2ではなく介護度3か4ではないだろうか」というような場合、給付額も随分変わってくる。鑑定結果が決まると、通常そのままなのは日本のように「認定」ではなく、「鑑定」だからであろうと推測される。

　MDKという鑑定専門の機関が要介護者の自宅に行って、チェックリストに基づいて鑑定した結果は、本人が入っている介護金庫の方に行く。そして最終決定は、形式的にではあるが介護金庫が本人に通知する形をとっている。ゆえに、自分の保険者である「介護金庫に文句がある」と本人は言うわけである。介護金庫の方は、高い介護度に変えることに首を縦に振ることはとても少ない。そうなる

と、本人が裁判所に訴える形をとる。裁判所が介入するのはドイツ的であるのだが、社会裁判所[1]という裁判所がある。それは、要介護者の権利擁護になっているということでもあろう。

（2）虐待への対応

「主介護者は娘が多い」と第2章（図2-2）で述べたが、日本でいう老老介護にあたる「介護する側も高齢者」という場合も多い。ドイツの場合は、パートナーが老老介護にあたる。同時に、日本では虐待が問題になっているが、在宅介護をする上で、虐待が表に出てきたりするのだろうか。

ドイツの場合でも、虐待は普通にある。その場合、どこが介入するのか。本人が苦情を言ったりする場所はあるのだが、本人が認知症であると言わないことが多いし、誰も見ていないのでやっかいである。どこまで機能しているかは不明なのだが、一応、「訪問介護相談」という仕組みがある。これは、現金給付を受けて自宅で世話している人に対して義務で行われる仕組みになっていて、介護度によって違うのだが、通常は6カ月に1回、介護度が重いと3カ月に1回、査察に行くという「介護相談」という名前がついている「相談事業」である。これは介護の質も見なければいけないと決まっている。本人がその訪問介護相談をしてくれる機関に電話をして、「時期が来たので来てください」と言う。このような制度があるが、誰がやっているかというと、一般の在宅事業者である。

ディアコニー[2]に行けば、ソーシャルステーションが、そういった人を派遣している。それは、一定の資格を持った人しかできないものであり、老人介護士（Altenpfleger（女性はAltenpflegerin））の専門資格のある人と、それなりの教育・訓練を受けた人しかできない。そういった人たちが相談に乗るという制度がある。ただあることはあるのだが、やはり事業者なので、自分たちのサー

ビスを使ってもらえることがインセンティブとなり、その相談で単
価を上げやすい。「本当は当人の介護には必要ない」というケース
もあるにもかかわらず、なかなかそういったことにはならない。一
方では、閉じこもって自分の家族を介護している人にとっては、
「問題をそのときに相談できる」という意味では「良い制度」と評
価されている。

2．モデル事業

（1）マールブルクの事例

　前章では、第3次介護強化法は、「自治体の役割を強化していこ
う」というものであり、そのために、「総合的な介護相談構造整備
のためのモデル事業をスタートした」と述べた。60の自治体のモデ
ル事業は、具体的に事業を行うのは介護金庫ではなくて自治体なの
か。これは、「自治体は介護金庫と協力しながら行う」ということ
である。具体的に自治体はどういう役割をするのか。たとえば相談
員等を送るのだろうか。

　モデル事業を先駆けて実施しているところの例で言えば、フラン
クフルトから車で1時間ほど行ったところに、マールブルク（Mar-
burg）3) という都市がある。マールブルクでは、介護相談センター
を作っていた。

　自治体が運営しているが、介護支援センター 4) と同じ建物の中
にあらゆるサービスが備わっている。いわば介護支援センターもそ
の一要素になっている。それらをまとめる作業が必要になるし、宣
伝もしないといけない。あとは小さな相談所がいくつもあり、たと
えば目の見えない人たち専用の相談所があったりするのだが、そう
いう小さいところというのは自分たちで場所を運営する資金の余裕
がないので、自治体が1つの部屋を1週間に1回無料で貸している。

宣伝も無料で自治体がしてあげている。マールブルクは自主的に実践しているが、まさに60の自治体の1つに立候補すると言っていた。しかし、モデル事業のお金をどこが出すかは不明瞭であった（2017年調査）。介護改革の一環なので、介護保険の中から出すと思われるが、一部政府からも資金が出るかもしれないので、別途調査が必要である。

（2）自治体の役割

　日本人は、すぐに「地域包括支援センター」のようなものをイメージしてしまうのだが、日本の保険者が自治体だとしたらドイツの保険者は介護金庫である。自治体における介護もしくは社会福祉について政府に意見を言うところとして、インフラづくりや介護に関しては「介護協議会」がある。あることはあるのだが、インフラづくりに使う資金がない。資金を持っているのは介護金庫である。やはり介護金庫のみに任されていた部分がけっこうあって、自治体というのは、もともとは社会福祉の枠内で高齢者を世話したときはもちろん積極的にやっていたのだが、介護保険導入とともに手を引いてしまった。現在もまだ手を引いている状態で、積極的にやろうとしても、首長が「やるぞ」というようなカリスマ首長でなければ、なかなか進まないのが現状である。そういった協議会というのは、形式的には事業者と介護金庫と市町村と医療の代表者（医師）、そして住民の代表も入っているのだが、うまくいっていなかったからこそ、今回相談事業の強化を第3次介護強化法で謳っていると考えられるのである。

3．ドイツの介護人材

（1）介護人材と研修制度

　ドイツの介護人材はどのような状況か。答えは「足りない」である。たとえば、ある事業者が、施設が老人介護士の資格を持った人を募集した場合、その人が見つかるまで約6カ月かかると言われている。ゆえに、「ものすごく足りない」という認識で、ドイツで最も足りない職業の1つと言われている。そこで、日本同様ドイツでも外国から人を呼んでいる。たとえばアジアではフィリピンなどとも結んでいたり、まだEUに加入していないセルビア[5]とボスニア・ヘルツェゴビナ[6]とも契約を結んだりしている。自由に移動はできないけれども、介護という枠内であったら、「働く環境を整えて、かつ語学研修なども少し支援します」という制度をつくって人を呼んでいる。

　日本は研修制度（技能実習制度）でやろうとしているが、ドイツも最初は研修制度であった。なぜかというと、たとえばセルビアとボスニア・ヘルツェゴビナには看護師資格しかなくて、老人介護士の資格がない。ドイツの場合は看護師と老人介護士の資格が別個にあった。それに同格の教育内容を受けた人でないと、老人介護士になれない。そこで、その研修をまず行う。ただしその研修は、ドイツの場合にはデュアルシステム[7]と言われていて、職業教育をしながら研修する制度である[8]。だから、すぐに施設に住んで働きながら勉強するという形になるので、その段階で労働者不足というのも、ある程度解消されることになる。もちろん給料は支払われる。本人は給料を支給されながら働けるということで、そのあと、資格を取ったらドイツにずっと滞在してもらうというスタンスである。日本のように帰ってもらうなどということはない。

　ドイツにはずっと徴兵制があって、18歳から20歳、平和主義者で

徴兵拒否した人が良心的兵役拒否といって、介護の現場で徴兵と同じ年限働くという社会の含み財産があったので介護人材は不足してなかった[9]。それがなくなったので、介護人材が不足してきたということもあるかと思われるが、それよりも利用者の方が急増している。需要者の急増とともに、高齢化によって若い人が減っていき、かつ職業教育する側の人材が減っていることが要因としては大きいようである。

（2）介護者の賃金引き上げ

　介護人材不足ということは賃金的には低いのか。低いけれども、資格者について比較してみると日本よりは若干高い。「今回の改革で給与水準を上げた」と聞いたが、そういう項目も確かにあって、「上げなければいけない」ということも書かれていた。ただ上げられない理由というのは、保険財源が決まっている中で、事業者はある程度利益を出したいからである。ゆえに、やはり人件費を下げる方向にどうしても向かってしまう。保険者が料金体系を決める段階で、それに見合った料金を、要するに高い人件費に見合った料金体系を認めてあげる必要がある。そこで、人件費を賄えるような料金体系を認めるようにと今回の法律改正で決まったのである。

　民間非営利と民間営利があれば、民間非営利の方が有利なような気がする。それはその通りである。なぜかというと、ドイツの場合、労働協約があり、職域ごとにこれから1年間の給与を決める。職域横断的に決めるので、強い力を持った交渉力で労組が経営者に対峙して決めていく。福祉団体もそれに基づく。しかし民間はそこから自由にできてしまうので賃金は低く設定できる。

　ドイツには福祉団体6団体[10]があるから、そこがだいたいカバーする格好なのかと思ったが、そうではなく、かなり民間営利の方が増えてきているという。特に東西ドイツが統一されたが、東ドイ

ツにはカリタスやディアコニーはもともとバックグランドがなかっ
た[11]ので、そういうところに民間が参入していった。そして農村
部などなかなか事業者が行かないようなところに進出したという。
このように、民間団体が結構増えていった。ドイツで有名な企業は
フレゼニウス・メディカル・ケア[12]だそうである。ドイツの大き
な企業であり、医療関係のサービスをしており、透析器械をつくっ
ていたことで有名である。医薬品も製造している。そういった医療
関係のところは、病院も経営していたりするが、その事業の1つと
して介護も提供している。

　日本では医療福祉に全然関係のない事業者が介護市場に参入して
きている。それで介護市場が成熟してきたが、ドイツでもそういっ
たトレンドはあるのか。高齢者の住居を整備するところから介護市
場に参入していった事業者はいるという。両方の参入ルートはある
が、やはり医療関係者が目立っている。

　介護は厳しい職業であり、若い人の労働力が少なくなっているの
で、もっといい職業にいけてしまうので離職率は高い。職業を選べ
るようになれば、他のところにいってしまうのは日本と同じである。
それで、人材がなかなか育たない。

4．介護制度と難民政策

　外国人に望みをかけるのはどこの国も同じである。もしくは給料
を上げるかである。ただし、日本と違うのは介護のための外国人を
受け入れるが、任期が終わったら帰ってくださいということではな
い。日本政府は移民とは国籍取得者のみとの立場を取っており、外
国人労働者拡大の新規在留資格等は移民政策ではないと否定してい
る。外国人労働者の家族帯同、無期限の在留、国籍取得の優遇など
を取っていない。ドイツは移民を受け入れて、人口減少の歯止めに

している。介護の現場は若い人なので、ドイツで婚活して「子ども
を産み育ててください」という永住権など、ドイツにとどまること
をきちんと保障して諸外国から受け入れている。このことは「日本
はこれから」という気がする。

　現在ドイツでは難民を積極的に受け入れているが、シリアやアフ
ガニスタンなどからである。そういった人たちにできるだけ介護の
職業教育を受けてもらおうと、ドイツは大切にしている。まずは職
業教育を受けてもらおうということで、推進する動きがある。その
端的な例が、バーデン・ビュルテンベルク州で始めた「完ぺきな難
民として認められると、そこに長い間定住する権利が得られる」と
いう制度である。そうでない中途半端な人たちは、ドイツにいるこ
とによって、ある程度の生活は保障しなければいけないので、お金
がかかるので仕事をしてもらわないといけない。そこで、「介護の
職業教育を受けてください。そうすると、給料もある程度出るし、
それを受けていれば『強制送還はない』」ということをきちんと実
施しようと、バーデン・ビュルテンベルク州では始めたところであ
る。

　バーデン・ビュルテンベルク州では、難民を対象として介護教育
受講生を募集している。それはドイツの自国民の人に向けても、
「移民はそのように活用しているから排斥しないでほしい」という、
政府のエクスキューズ（弁解）になる。原則的にドイツ政府は難民
を受け入れることに賛成である。しかしその前提として、難民もド
イツの社会に溶け込んでいくべきであるということで、財政的な負
担になってはいけない。それは職業的又は労働における統合を通し
てやっていくという方針を持っているという端的な例だと考えられ
ている。賢いやり方であるが、なかなかうまくいかないところでも
ある。

5．ドイツの認知症国家戦略と介護改革

ドイツの介護保険は医療保険とリンクしており、年齢に関わらず、慢性疾患や障害、認知症など、医療的診断があれば介護を受けることができる。介護保険の利用者をみると、85％の人が60歳以上の高齢者であり、その大半が認知症を患っている（Alzheimer Europe, Germany, Social Support System）。

第2章（**表2-1**）では、ドイツの65歳以上高齢者数に占める認知症者数の推移（推計）を示して、2020年には9.69％、2030年には9.52％、2040年には10.58％、2050年には12.57％、2060年には12.53％であると述べた。

介護保険改革を認知症に特化したこととドイツの認知症国家戦略はどのような関係にあったのか。認知症国家戦略は連邦保健省も力を入れているということは確かに関連があったと思われる。しかし直接的にどこがどう関連しているかは内部事情ということで、詳しくはわからない。アルツハイマー協会がかなりロビー活動をして、活躍したことは確かである[13]。政府に働きかけて、要介護定義の変更でもアルツハイマー協会はかなり積極的に色々意見を言ったということである。独自に調査などもかなりしていたようである。しかしドイツの認知症国家戦略と介護改革のどこがどのように関わっているかは、別途調査が必要である。この点は課題である。

注

1）地方裁判所や高等裁判所で審理されるのは通常の民事事件や刑事事件であり、労働事件については労働裁判所（Arbeitsgericht）が、行政事件（他の裁判所の管轄に属する事件を除く）については行政裁判所（Verwaltungsgericht）が、社会保険等に関する公法上の紛争事件については社会裁判所（Sozialgericht）が、租税に関する公法上の紛争事件については租税裁判所（Finanzgericht）が第1審の管轄権を有している。したがって、これらの裁判所における裁判に対する最終

上訴審は連邦裁判所（連邦通常裁判所）ではなく、それぞれ連邦労働裁判所（Bundesarbeitsgericht）、連邦行政裁判所（Bundesverwaltungsgericht）、連邦社会裁判所（Bundessozialgericht）、連邦財政裁判所（Bundesfinanzhof）である。また、連邦の憲法（ドイツ基本法）に関する違憲審査権は連邦憲法裁判所に、州憲法については州憲法裁判所にあるため、連邦通常裁判所は法令の違憲審査を行わない。つまり、「社会裁判所は、主として健康保険、失業保険、年金保険等の社会保険等に関する公法上の紛争事件を取り扱う。第一審の社会裁判所では、1人の職業裁判官及び2人の名誉職裁判官により、高等及び連邦社会裁判所では、それぞれ3人の職業裁判官及び2人の名誉職裁判官により審理される。名誉職裁判官は、保険加入者及び保険医等から選出される」（ドイツ連邦共和国の司法制度）。

2）ディアコニー事業団は、1848年、神学者 J.H. ヴィヘルン（Johann Hinrich Wichern, 1808-1881）によって設立され、1849年には「ドイツ福音教会内国伝道中央協委員会」（Central-Ausschuss für die Innere Mission der Deutschen Evangelischen Kirche）と命名された。1945年、内国伝道中央協委員会とは別に、「ドイツ福音教会援助事業」（Hilfswerk der Evangelischen Kirche in Deutschland）が発足したが、1975年には両者が併合し、「ドイツ・ディアコニー事業団」（Diakonisches Werk der EKD e.V.）として現在の組織となった。そして現在は、ドイツ国内において、カトリック教会によるカリタス連盟、労働者福祉事業団、ドイツ赤十字、ドイツユダヤ人福祉事業団、ドイツ諸宗派福祉事業連盟という5つのグループとともに、国家が認定する連邦任意社会福祉協会を構成する団体の1つとして位置づけられる（梶原直美・岡本宣雄 2015）。

3）マールブルク（Marburg、1977年までは Marburg (Lahn) が公式名称であった）は、ドイツ連邦共和国ヘッセン州中部マールブルク＝ビーデンコプフ郡の郡庁所在都市である。総合大学がある「ウニヴェルジテーツシュタット（Universitätsstadt）」（大学都市）である。

4）「介護支援センター」は自治体と介護金庫がそれぞれ金を出し合って、ワンストップサービスのような形で色々なことを聞けるような相談所を増やそうとしているが、どうしても、今までのところは介護金庫主導になっているのが実態である。たとえば、社会福祉やその自治体にあるボランティアサービスなどを紹介するところまで至っていない。本当はそこが大切な制度になっているにもかかわらず、そこのところを何とかしなければということで、総合的な介護相談構造整備のためのモデル事業を今回の改革でスタートした（小磯 2019）。

5）セルビア共和国、通称セルビアは、南東ヨーロッパ、バルカン半島中西部の内陸に位置する共和制国家。かつてのユーゴスラビアに属した地域の中央に位置しており、政治的にもその中心となる国であった。首都であるベオグラードは、ユーゴスラビア誕生以来2006年にセルビア・モンテネグロが解体されるまで一貫して

連邦の首都であった。2006年 6 月 3 日のモンテネグロの分離独立に伴い独立宣言
をした。セルビア内のコソボ・メトヒヤ自治州がコソボ共和国として事実上独立
状態にある。

6 ）ボスニア・ヘルツェゴビナは、南東ヨーロッパのバルカン半島にある国。

7 ）デュアルシステム（Dual system、Dual apprenticeship systems）は、ドイツを
発祥とする学術的教育と職業教育を同時に進めるシステムである（OECD 2014）。
ドイツ、オーストリア、ハンガリー、ボスニア・ヘルツェゴビナ、クロアチア、
セルビア、スロベニア、マケドニア、モンテネグロ、スイスで主流とされ、フィ
ンランド、ポルトガル、デンマーク、オランダ、フランス、エジプトなどの多く
の国で見られる（職業能力開発総合大学校報告書 2011：330-331）。公共職業訓
練で代表的なのは、主に16歳以上の若者を対象とした初期職業訓練の中核を成す
「デュアルシステム職業訓練」である。デュアル（二元的）という言葉の通り、
2 年～ 3 年半にわたる訓練を「企業の実地訓練（ 3 分の 2 ）」と「職業学校の学
習（ 3 分の 1 ）」の同時並行で行う。デュアルシステム職業訓練は、上述の関係
組織が連携しながら職種ごとに期間や内容、試験等を詳細かつ公的に規定してい
る。また、時代の流れに応じて訓練職種や訓練規定の改廃も行っている（約350
種前後）。しかし、当該の訓練を実施するかどうかや、実施する場合に訓練生を
何名採用するかなどは各企業の自主性に任されている（労働政策研究・研修機構
2017：54）。

8 ）ドイツの養成教育では実習に大きなウエイトを持たせている。実習は「デュアル
システム」として、理論的能力と実務能力の両方を兼ね備えた人材の育成が体系
化されている。さらに修了時には試験によって資格を取得し、一定レベルの職業
能力が証明できるようになっている。こうすることにより訓練そのものが実務に
近いという利点に加え、企業側にとっても修了者の職業能力レベルを判断する基
準が明らかに提示されるため、就業に結びつきやすいとされている。実習では、
実習先と学生との間で「訓練契約」を結び、実習中は各施設が学生に対して報酬
を支払う。これはデュアルシステムの特徴である学生を労働者として位置付けて
いるためである（保住芳美 2009）。

9 ）良心的兵役拒否者が代替条件で市民労役を命じられている国では、兵役と同様、
労役は社会貢献をしていると解釈されている。同時に、兵役拒否者数の増加もみ
られている。ドイツでは良心を理由に兵役は拒否できることが法律で定められて
おり、その代わり13カ月間の社会福祉活動が義務づけられる。「良心的兵役拒否
者」数が2003年には兵役につく者の数を上まわり、老人介護等の社会福祉事業は、
これらの民間奉仕義務（Zivildienst）なしには成立し得ないと言われていた。ド
イツでは2011年に徴兵制度が廃止となったため、これからはどのようにして社会
福祉事業に携わる人材を得ていくかが 1 つの問題となっていた。

10）ドイツには全国的なネットワークを有する代表的な民間福祉団体 Freie

Wohlfahrtspflege が 6 つある。ドイツ・カリタス連合（1897 年創設）、デイアコニー（1848年）、労働者福祉団（AWO、1919年）、同権福祉団（1924年）、ドイツ赤十字（1866年）、ユダヤ人中央福祉センター（1917年）である。これらは民間福祉頂上団体と称され、連邦民間福祉団体連合（BAGFW）に結集している（北住炯一 2014）。

11) たとえば、巨大福祉団体の中では、カトリック教会のもとで組織され、保守政党CDU（キリスト教民主同盟）、プロテスタント系のディアコニー、SPD 系で、労働運動と社会主義運動を源とする AWO（労働者福祉協会）でいえば、「最大規模で、最も古い歴史をもつカリタスは19世紀半ばの社会主義運動に対抗する形での保守主義勢力による救貧活動から発展してきたが、そのほかの団体は、第一次大戦前後の不安定な時期に、社会問題や福祉供給の保つ要請への覚醒とともに創設された。人員、活動、予算規模で、カトリック系カリタスと SPD 系の AWOが抜きん出ている」（久保山亮 2009）。

12) ドイツに本社を置くフレゼニウス社の歴史は古く、ヨーロッパではコロンブスが生まれた頃、1462年に発足したヒルシュ薬局にさかのぼる。1743年、フレゼニウス家がヒルシュ薬局の経営権を取得し、フレゼニウスグループの礎を築いた。

13) ドイツアルツハイマー協会のロビー活動ではないが、リュッセルスハイム支部（地域のアルツハイマー協会）の活動については、小磯（2020a ～ d）及び小磯（2023：94-124）を参照のこと。

文献

Alzheimer Europe, Germany, Social Support System.（http://www.alzheimer-europe.org）.

Education Policy Outlook Highlights: Germany（Report）. OECD.（2014-04）.（http://www.oecd.org/education/highlightsgermany.htm）.

梶原直美・岡本宣雄「ドイツ・ディアコニー事業団に関する日本国内の研究について」川崎医療福祉学会『川崎医療福祉学会誌』Vol. 25、No. 1、2015年、pp.1-12。

北住炯一「ドイツの民間福祉頂上団体と市民財政参加 Freie Wohlfahrtsverbande und Burgerhaushalt Deutschlands」愛知学院大学政策科学研究所所報『政策科学』第 5 号、2014年、pp.9-15。

久保山亮「変わる移民政策：ドイツの移民政策における自治体と中間的組織：1990年代後半からの政策転換と"統合"から締め出される『事実上の定住者』」国立民族学博物館『国立民族学博物館調査報告』83巻、2009年、

pp.257-278。

小磯明「ドイツの介護保険改革（2）——介護強化法の給付と鑑定」非営利・
　協同総合研究所『いのちとくらし研究所報』No.69、2019年12月、pp.20-28。

小磯明「ドイツの介護保険制度（5）　アルツハイマー協会リュッセルスハイ
　ム支部（1）組織の概要」日本文化厚生連『文化連情報』No.503、2020a
　年 2 月、pp.72-75。

小磯明「ドイツの介護保険制度（6）　アルツハイマー協会リュッセルスハイ
　ム支部（2）協会の歴史と活動」日本文化厚生連『文化連情報』No.504、
　2020b 年 3 月、pp.72-77。

小磯明「ドイツの介護保険制度（7）　アルツハイマー協会リュッセルスハイ
　ム支部（3）ボランティア活動」日本文化厚生連『文化連情報』No.505、
　2020c 年 4 月、pp.82-86。

小磯明「ドイツの介護保険制度（8）　アルツハイマー協会リュッセルスハイ
　ム支部（4）補足と日本への示唆」日本文化厚生連『文化連情報』No.506、
　2020d 年 5 月、pp.70-75。

小磯明『ドイツの介護保険改革』同時代社、2023年。

首相官邸「ドイツ連邦共和国の司法制度」『諸外国の司法制度概要』pp.45-60。

職業能力開発総合大学校「諸外国における職業教育訓練を担う教員・指導員の
　養成に関する研究　報告書」、諸外国における職業教育訓練を担う教員・
　指導員の養成に関する研究プロジェクト、2011年 3 月。

独立行政法人労働政策研究・研修機構「諸外国における教育訓練制度——アメ
　リカ、イギリス、ドイツ、フランス——」No.194、2017年 3 月。

フレゼニウス メディカル ケア ジャパン（https://www.fresenius.co.jp/company/
　group.html）。

保住芳美「ドイツの老人介護士養成教育およびその教員養成システムについ
　て」川崎医療福祉学会『川崎医療福祉学会誌』Vol.18、No. 2 、2009年、
　pp.337-346。

終章　ドイツの介護強化法が目指したもの

1．制度改革が目指したものは何か

　2005年にアンゲラ・ドロテア・メルケル（Angela Dorothea Merkel）政権が誕生して以降、ドイツでは介護保険制度改革が重要な政治課題となっており、メルケル氏が所属しているキリスト教民主連合の連立先が変更になっても、そのことは変化しなかった。時々の連立政権の連立協定には、必ず介護保険に関することが含まれており、与野党を通じて、重要な懸案事項として扱われてきた。そして、これまで見てきたように2008年以降には様々な介護保険制度改革が実施されてきた。これまでの制度改革により目指されてきたものを検討し、今後の方向性を述べることとする。

　第一に、2008年の改革から常に講じられてきた対策として、認知症患者等を対象とした介護の課題がある。2016年以前は要介護度の判定基準では認知症患者を要介護と認定することが難しかったため、認知症患者は要介護度が低く出てしまうことが多く、必要な給付がなされてこなかった。そのため、2008年から2016年までの介護保険制度改革では、別枠の追加給付を増やしていくことによって、認知症患者への介護給付を実施してきた。それが2017年以降の新たな要介護度基準では、「認知能力・コミュニケーション能力」や「行動及び心理面での症状」の分野が自立度の調査分野に含められたため、認知症患者に関する要介護度は、以前と比較して適切なものとなったと考えられる。2017年度の法改正で導入された新要介護基準が現実に適正な要介護度を導いているかについては今後十分な検討がなされると考えるが、10年余り費やした認知症患者への介護に関する対応は、ひとまずは適切に対処されたと考えることは妥当性があろ

う。

　第二に講じられた対策は、在宅介護への支援であった。現在の介護保険法においても基本原則となっている「在宅介護優先の原則」を維持するため、2008年には在宅介護を中心とした「介護給付の上限額の段階的な引き上げ」がなされ、2015年には、施設介護も含めた「介護給付の上限額の４％の引き上げ」が実施されている。また家族介護者への支援についても充実が図られ、2013年の「代替介護に関する追加給付」や2015年の「第１次介護強化法」における「在宅介護の給付を受けながらデイケアやナイトケアが利用できるようにした」こと、「代替介護費用の支給上限期間の拡大」など、在宅介護充実のための施策が目に見える形で数多くなされてきた。

　第三に、様々な介護資源の質保証のための施策がとられてきている。まず「介護保険発展法」では「介護の質に関する審査の実施と公表」を義務付けている。また、「介護と家族と仕事をより良く調和させるための法」や「介護職法」を制定することで、介護を実施する人をとりまく環境整備に力を入れている。

　第四に、実施されてきたのは、数度にわたる保険料率の引き上げである。介護給付の引き上げや在宅介護の充実のために必要とされる財源を確保するには、財源が保険料によっているため、必然的に保険料率の引き上げを伴うこととなる。約20年間で1.7％から2.8％まで引き上げられた被保険者にとって、少なくない負担となっている。しかしこのように負担とサービスが比例することで、介護保険改革の是非が判断しやすくなっていると考えられよう。

　第五に、地域における介護支援体制の整備が実施されている。「介護保険発展法」では、介護支援拠点を設置し、ケースマネジメントの仕組みを導入している。そして、それを介護相談員が担当することとした。「１つの場所ですべてのこと」ができるような利用者にとって便利な仕組みとしてのワンストップサービスが意図され

たといえよう。

　2008年から改革が始まり、2017年の「第3次介護強化法」の施行により、ドイツの介護保険制度改革は一段落したものと思われる。しかし、日本と同様にさらなる高齢化の進展により、新たな改革が求められる可能性は否定できない。同時に、法律の整備と制度の設計はこれで良いと思われるが、今後の実践が最も注目されるべきことであろう。実際の現場を視察した感触からすると、そんなに簡単に法律通りに事が運ぶとは考えにくい。

2．日本への示唆

　最後に、ドイツと日本の介護保険制度を比較しながら、日本への示唆を検討する。

　第一は、財源の問題である。日本の場合は、財源の半分は公費負担であるが、ドイツは全額保険料負担である。そのため、介護保険で部分的な給付にとどまっており、残りは自己負担か公的扶助（日本の生活保護）となる。今後、財源の問題はどのような方向へと向かうべきか、検討すべきと考えるが、そもそも制度設計の違いもあり、妙案を示すことは難しい。

　第二は、被保険者の範囲についてである。ドイツの場合は被保険者の年齢制限はなく、さらに子どものいない被保険者の保険料率が高く設定されている。これは、社会全体で介護・子育てを実施するという思想の表れである。日本でも被保険者の範囲の拡大は課題であるが、子どもや障害者を含めたドイツ介護保険制度の事例・考え方は参考になると考える。

　第三には、家族、親族介護者に対する介護手当の給付についてである。ドイツでは、制度開始以来、家族による介護とその対価としての介護手当（現金給付）が介護保険制度の中心的な役割を果たし

てきた。今回の一連の制度改革でも、家族介護者への支援が何度も施策としてとられてきている（宮本恭子 2016）。日本の今後の介護保険制度を構想する上で検討に値するかもしれないが、日本の場合には、「介護の社会化」が制度設計の基本であることを考えると、ドイツのように家族等への介護手当（現金給付）を制度に組み込むことは難しいと思われる。

文献

宮本恭子「ドイツにおける家族介護の社会的評価」島根大学法文学部『経済科学論集』第42号、2016年3月、pp.1-21。

あとがき

　本書のもとになった論文は、次の４つである。

　「ドイツの介護保険改革（１）──介護強化法制定の背景と保険料──」『特定非営利活動法人　非営利・協同総合研究所いのちとくらし　研究所報』№68、pp.20-29、2019年9月（Akira KOISO., "Care Insurance Reform in gerrmany（１）"in Review of Nonprofit Health Care Cooperation（Inoch-to-Kurashi)№.68, 20-29, September 2019.）。本稿は、ドイツの介護保険制度改革のうち、介護強化法制定の背景と財源としての保険料について論述した論文である。

　「ドイツの介護保険改革（２）──介護強化法制定の給付と鑑定──」『特定非営利活動法人　非営利・協同総合研究所いのちとくらし　研究所報』№69、pp.20-28、2019年12月（Akira KOISO., "Reform of Elderly Care Insurance System in gerrmany（２）"in Review of Nonprofit Health Care Cooperation（Inoch-to-Kurashi)№.69, 20-28, December 2019.）。本稿は、ドイツの介護保険制度改革のうち、介護強化法制定の給付と鑑定について論述した論文である。

　「ドイツの介護保険改革（３）──介護強化法の補論と示唆──」『特定非営利活動法人　非営利・協同総合研究所いのちとくらし　研究所報』№70、pp.39-45、2020年3月（Akira KOISO., " Reform of Nursing Care System in gerrmany（３）"in Review of Nonprofit Health Care Cooperation（Inoch-to-Kurashi)　№.70, 39-45, March 2020.）。本稿は、ドイツの介護保険制度改革のうち、介護強化法制定についての補論と日本への示唆について論述した論文である。

「ドイツの介護保険制度改革——介護強化法を中心として——」『福祉の協同研究』第7号、pp.19-35、2019年9月。本稿は、ドイツの介護保険制度改革について、介護強化法を中心として、最近の動向について、述べた論文である。

4つの論文は、2019年9月から2020年3月までに発表した論文で、短期間で執筆したものである。今回の書籍化にあたって、非営利・協同総合研究所いのちとくらしの論文は、各章の骨格となっているのだが、福祉の協同研究の論文は、第1章になっているほかに、第3章の給付の補強として編集していたりする。

調査は、第3次強化法が成立した直後の、2017年8月から9月にかけてドイツ・フランクフルトとミュンヘンを訪問したこともあって、現場での実践はこれからといった状況の中での調査であった。

それでも、今回の改革が大きな改革であったことは、現場での改革の評価を聞きながらひしひしと感じたことを覚えている。その後も、現場の取り組みの様子は、フランクフルト在住の吉田恵子さんを通じて聞いていたのだが、新型コロナウイルス感染症のパンデミックによって、話題が新型コロナ一色になってしまった。政府は、2023年5月8日に新型コロナウイルス感染症を2類相当から5類に移行し、コロナ禍でまったくできなかった国内外の視察調査もやっと可能となったので、次のドイツの視察調査では、改革が現場でどのように実践されているかを知ることができるのが楽しみである。

さて、今回の著書への論文掲載許可をくださった、非営利・協同総合研究所いのちとくらしと福祉の協同を考える研究会には御礼申し上げる。そして、そもそも、ドイツの2017年調査を企画・実施してくださった山崎摩耶先生に御礼申し上げる。現地でのガイドと帰国後も色々示唆をいただいた吉田恵子さんに感謝したい。

最後に、本書が出版されたことに、同時代社の川上隆社長に感謝
申し上げる。

　　　　　　　　　　　　　　　　　　　　　　　　著　者

事項索引

あ 行

医療保険メディカルサービス（Medizinicher Dienst der Krankenversicherung, MDK） 9, 13, 59

か 行

介護協議会　72

介護支援センター　63, 71

介護時間（Pflegezeit）　41

介護時間法（Gesetz über die Pflegezeit（Pflegezeitgesetz-PflegeZG）Vom 28. Mai 2008（BGBL. I S.874）） 41, 42

介護の新たな配置に関する法律（略称：介護新構築法）」（Gesetz zur Neuausrichtung der Pflegeversicherung） 9, 10, 16, 17, 37, 38

介護保険制度（Pflegeversicherung）　13, 17, 18

介護保険の構造的な一層の発展のための法律（略称：介護保険発展法）」（das Gesetz zur strukturellen Weiterentwicklung der Pflegeversicherung） 9, 10, 15, 18, 37, 38, 63, 83

カリタス・ゾチアルスタチオン（Caritas Sozialstation）　9

キリスト教民主連合（CDU/CSU＝ドイツキリスト教民主同盟／バイエルン・キリスト教社会同盟：Christlich-Demokratische Union Deutschlands, CDU/ Christlich-Soziale Union in Bayern e.V, CSU） 16, 32, 37

行政裁判所（Verwaltungsgericht）　77

公的介護保険の保険料において子の養育を考慮することに関する法律（KiBG, 介護保険　子の養育考慮法） 31, 34

さ 行

懺悔と祈りの日　34

社会裁判所（Sozialgericht）　70, 77, 78

社会法典第11編（SGB XI）　13

社会法典第11編―公的介護保険（Sozialgesetzbuch-Elftes Buch-Soziale Pflegeversicherung）　17

は　行

ハンブルグ婚（Hamburger Ehe, hamburg.de.）　65

負担軽減手当（Entlastungsbetrag）　51

訪問介護相談　70

ボランティアグループによる世話サービス及び負担軽減サービス（niedrigschwellige Betreuungs- und entlastungsangebote）　55

ま　行

マールブルク（Marburg）　11, 71, 72, 78

民間奉仕義務（Zivildienst）　79

や　行

要介護概念の検証に関する専門家委員会実施報告書　16, 43

要介護概念を再検討するための諮問委員会（Beirat zur Überprüfung des Pflegebedürftigkeitsbegriffs）　43

要介護状態の新しい定義の具体化に関する専門家委員会（Expertenbeirat zur konkreten Ausgestaltung des neuen pflegebedürftigkeitsbegriffs）　44

要介護等級（Pflegestufe）　18

要介護度（Pflegegrad）　18, 46

要介護度0　23, 39, 56

ら　行

良心的兵役拒否者　74, 79

連邦行政裁判所（Bundesverwaltungsgericht）　78

連邦財政裁判所（Bundesfinanzhof）　78

連邦社会裁判所（Bundessozialgericht）　78

連邦労働裁判所（Bundesarbeitsgericht）　78

老人介護士（Altenpfleger（女性は Altenpflegerin））　70, 73

労働裁判所（Arbeitsgericht）　77

労働の短期的支障（kurzzeitige Arbeitsverhinderung）　41, 42

人名索引

研究所の業績一覧

　本書は、特定非営利活動法人　非営利・協同総合研究所いのちとくらしへの投稿論文で構成されている。この機会に、これまでの研究所に関係する業績をまとめさせていただいた。

【論文】

「フランスの在宅入院制度に関する研究——在宅入院全国連盟の活動と課題——」『特定非営利活動法人　非営利・協同総合研究所いのちとくらし研究所報』№59、pp.46-71、2017年6月（Akira KOISO., "Perspective of Domestic Hospitalization System in France" in Review of Nonprofit Health Care Cooperation（Inoch-to-Kurashi）№59, 46-71, June 2017.）

「フランスの在宅入院の事例研究——サンテ・セルヴィスの実践と戦略——」『特定非営利活動法人　非営利・協同総合研究所いのちとくらし　研究所報』№60、pp.54-84、2017年9月（Akira KOISO., "Domestic Hospitalization in France-The Case of Sante Service" in Review of Nonprofit Health Care Cooperation（Inoch-to-Kurashi）№60, 54-84, September 2017.）

「自立と包括的ケアのためのネットワーク（MAIA）——パリ西地区のMAIA, CLIC, Reseaux の活動——」『特定非営利活動法人　非営利・協同総合研究所いのちとくらし　研究所報』№62、pp.16-30、2018年3月（Akira KOISO., "Network for Integrated Care and Independent in Paris, The Case of MAIA" in Review of Nonprofit Health Care Cooperation（Inoch-to-Kurashi）№62, 16-30, March 2018.）

「フランスの高齢者をめぐる住環境と高齢者住宅——Abbaye-Bords de Marne-Cité Verte Domicile & Services の事例——」『特定非営利活動法人　非営利・協同総合研究所いのちとくらし　研究所報』№63、pp.8-24、2018年7月（Akira KOISO., "Condition of Habitant and Aged Person Residence in France" in Review of Nonprofit Health Care Cooperation（Inoch-to-Kurashi）№63, 8 -24, July 2018.）

「ドイツの介護保険改革（1）——介護強化法制定の背景と保険料——」『特定非営利活動法人　非営利・協同総合研究所いのちとくらし　研究所報』№68、pp.20-29、2019年9月（Akira KOISO., "Care Insurance Reform in gerrmany（1）"in Review of Nonprofit Health Care Cooperation（Inoch-to-Kurashi）№68, 20-29, September 2019.）

「ドイツの介護保険改革（2）――介護強化法の給付と鑑定――」『特定非営利活動法人　非営利・協同総合研究所いのちとくらし　研究所報』№69、pp.20-28、2019 年 12 月（Akira KOISO., "Reform of Elderly Care Insurance System in gerrmany（2）" in Review of Nonprofit Health Care Cooperation（Inoch-to-Kurashi）№.69, 20-28, December　2019.）

「ドイツの介護保険改革（3）――介護強化法の補論と示唆――」『特定非営利活動法人　非営利・協同総合研究所いのちとくらし　研究所報』№70、pp.39-45、2020年 3 月（Akira KOISO., "Reform of Nursing Care System in gerrmany（3）"in Review of Nonprofit Health Care Cooperation（Inoch-to-Kurashi）№.70, 39-45, March 2020.）

「薬機法改正と薬剤師・薬局のあり方」『特定非営利活動法人　非営利・協同総合研究所いのちとくらし　研究所報』№.74、pp.44-51、2021年 3 月（Akira KOISO., "Modified Pharmaceutical Affairs Act and Pharmacists Position"in Review of Nonprofit Health Care Cooperation（Inoch-to-Kurashi）№.74, 44-51, March 2021.）

「フィンランドの介護人材養成――共通資格制度（ラヒホイタヤ）の事例と日本の現状――」『特定非営利活動法人　非営利・協同総合研究所いのちとくらし　研究所報』№79、pp.42-48、2022年 7 月（Akira KOISO., "Integrated Qualifying System of Career in Finland" in Review of Nonprofit Health Care Cooperation（Inoch-to-Kurashi）№.79, 42-48, July 2022.）

「日本の医薬品産業構造の変化に関する研究」『特定非営利活動法人　非営利・協同総合研究所いのちとくらし　研究所報』№82、pp.29-44、2023年 3 月（Akira KOISO., "Changing Pharmacy Industory Structure in Japan" in Review of Nonprofit Health Care Cooperation（Inoch-to-Kurashi）№. 82, 29-44, March 2023.）

【書評論文】

「堀真奈美『政府は医療にどこまで介入すべきか――イギリス医療・介護政策と公私ミックスの展望』『特定非営利活動法人　非営利・協同総合研究所いのちとくらし　研究所報』№57、pp.39-44、2017年 1 月（Akira KOISO., Book Review, Hori Manami"How Far Should Government Intervene in Health Care? Piblic-Praivate Mix of Health Care Policy in UK" in Review of Nonprofit Health Care Cooperation（Inoch-to-Kurashi）　№. 57, 39-44, January

2017.)

【座談会】

小磯明・谷口路代・田中淑寛・石塚秀雄「非営利・協同の医療機関を取り巻く状況と経営上の課題」『特定非営利活動法人　非営利・協同総合研究所いのちとくらし　研究所報』№51、pp.2-14、2015年6月（Akira KOISO., Michiko TANIGUCHI, Toshio TANAKA, Hideo ISHIZUKA., Special Issue：criticak situation of Health System in Japan. Round Table Talk；Non Profit and Cooperative Medical institutions and Its Management. Review of nonprofit Health Care Cooperation（Inoch-to-Kurashi）№.51, 2 -14, June 2015.）

小磯明・根本守・吉中丈志・八田英之「医療における非営利・協同組織の管理と運営」『特定非営利活動法人　非営利・協同総合研究所いのちとくらし研究所報』№55、pp.2-24、2016年7月（Akira KOISO., Mamoru NEMOTO, Takeshi YOSHINAKA, Fusayuki HATTA.., Round Table Talk；Management of NPO and Cooperative Medical Initiatives. Review of Nonprofit Health Care Cooperation（Inoch-to-Kurashi）№.55, 2 -24, July 2016.）.

小磯明・松田亮三・吉中丈志・石塚秀雄「フランスの地域医療介護の動向と在宅入院制度」『特定非営利活動法人　非営利・協同総合研究所いのちとくらし　研究所報』№61、pp.30-53、2017年12月（Akira KOISO., Ryouzo MATSUDA, Takeshi YOSHINAKA, Hideo ISHIZUKA.,Round Table Talk；Domestic hospitalization and Health System in France. Non Profit and Cooperative Medical institutions and Its Management. Review of nonprofit Health Care Cooperation（Inoch-to-Kurashi）　№. 61, 30-53, December　2017.）

【報告書】

『ドイツの非営利・協同の医療と脱原発の地域電力事業視察報告書』2013年3月（分担執筆）。

「ヘリオトロープ」特定非営利活動法人　非営利・協同総合研究所いのちとくらし『ドイツの非営利・協同の医療と脱原発の地域電力事業視察報告書』2013年3月、pp.49-51。

「ソーラーエネルギー住宅地」同上、pp.52-56。

「環境モデル地区ヴォーバン──住民のイニシアチブによるまちづくり──」同上、pp.57-65。

「エコホテル：HOTEL VICTORIA」同上、pp.66-70。

「南ドイツ・ヴァイスヴァイル村の原発建設抵抗運動」同上、pp.71-77。

「南ドイツ・フライアムト村のバイオマスエネルギー生産農家」同上、pp.78-84。

「南ドイツの再生可能エネルギー生産農家──フライアムト村シュナイダー家のエネルギー生産──」同上、pp.85-94。

『イタリアの非営利・協同の医療福祉と社会サービスの視察報告書』2014年6月（分担執筆）。

「イタリア・ミラノの家庭医訪問」特定非営利活動法人　非営利・協同総合研究所いのちとくらし『イタリアの非営利・協同の医療福祉と社会サービスの視察報告書』2014年6月、pp.27-33。

「民主的医師協会（Medicina Democratica）とミラノ大学でディスカッション」同上、pp.34-40。

「ボローニャ市ナヴィレ区の『地域の社会的計画 piano sociale di zona』──地区の運営、保健医療、社会福祉サービス政策──」同上、pp.73-84。

「ボローニャ市ポルト区ジョルジョ・コスタ社会センター──Centro Sociale Giorgio Costa──」同上、pp.85-96。

『イギリスの医療・福祉と社会的企業視察報告書』2016年6月（分担執筆）。

「サンダーランド市民病院トラスト（Sunderland City Hospital & Colleagues)」特定非営利活動法人　非営利・協同総研いのちとくらしほか『イギリスの医療・福祉と社会的企業視察報告書』2016年6月、pp.30-34。

「サンダーランド市民病院（院内見学）」同上、pp.35-47。

「イギリスのアルツハイマー研究の最先端と日本の治験研究」同上、pp.57-78。

「マルクス・エンゲルス、英国の社会調査」同上、pp.144-158。

「1. サウス・ロンドン・アンド・モウンズリー NHS-FT（South London and Maudsley NHS Foundation Trust）──キングス・ヘルス・パートナーズ（Kings Health Partners）の取り組み──」同上、pp.162-183。

「2. 継続的ケアユニット─グリーンベール・スペシャリスト・ケア・ユニット

（Continuing Care Unit——Greenvale Specialist Care Unit——）」同上、pp.184-194。

「3. クロイドン・メモリー・サービス（サウス・ロンドン・アンド・モウンズリー・NHS-FT）Croydon Memory Service——Croydon Integrated Mental Health of Older Adults, South London and Maudsley NHS Foundation Trust——」同上、pp.195-208。

「4. サットン・ケアラーズ・センターとアドミラルナースの連携」同上、pp.209-220。

「5. ディメンシア UK——アドミラルナースの貢献（Dementia UK——The Admiral Nursing Contribution——）」同上、pp.221-233。

「6. 認知症診断率の改善 ——Improving dementia diagnosis rates：Lessons Learned from London——）」同上、pp.234-247。

【ワーキングペーパー】

『東日本大震災からの復旧・復興事業の取り組みと課題に関する研究——宮城県気仙沼市を事例として——』特定非営利活動法人　非営利・協同総合研究所いのちとくらし　ワーキング・ペーパーNo.4、2015年3月。

【ニュース】

「パリの高齢者ケア視察調査」『研究所ニュース』No.56、非営利・協同総合研究所いのちとくらし、2016年12月10日、pp.9-11。

「フランスつれづれ」『研究所ニュース』No.57、特定非営利活動法人　非営利・協同総合研究所いのちとくらし、2017年2月28日、pp.12-16。

「ドイツの介護保険・認知症ケア・在宅ホスピス視察」『研究所ニュース』No.60、特定非営利活動法人　非営利・協同総合研究所いのちとくらし、2017年11月30日、pp.7-10。

「マルクス・エンゲルス　THE YOUNG KARL MARX」『研究所ニュース』No.63、特定非営利活動法人　非営利・協同総合研究所いのちとくらし、2018年8月31日、pp.3-5。

「フィンランド・リトアニアの全世代型社会保障視察」『研究所ニュース』No.68、特定非営利活動法人　非営利・協同総合研究所いのちとくらし、2019年11月30日、pp.13-16。

「新型コロナと薬局経営」特定非営利活動法人　非営利・協同総合研究所いの

ちとくらし『研究所ニュース』No.73、2021年2月28日、pp.6‐8。

「ダニエル・ベラン、リアン・マホン著／上村泰裕訳『社会政策の考え方　現代社会の見取図』有斐閣、2023年6月」『研究所ニュース』No.83、特定非営利活動法人　非営利・協同総合研究所いのちとくらし、2023年8月31日、pp.11-12。

著者業績

《単著》

『地域と高齢者医療福祉』日本博士論文登録機構、雄松堂出版、2008年8月。

『地域と高齢者の医療福祉』御茶の水書房、2009年1月。

『医療機能分化と連携——地域と病院と医療連携』御茶の水書房、2013年4月。

『「論文を書く」ということ——憂鬱な知的作業のすすめ』御茶の水書房、2014年8月。

『ドイツのエネルギー協同組合』同時代社、2015年4月。

『イタリアの社会的協同組合』同時代社、2015年10月。

『高齢者医療と介護看護——住まいと地域ケア』御茶の水書房、2016年6月。

『イギリスの認知症国家戦略』同時代社、2017年1月。

『フランスの医療福祉改革』日本評論社、2019年4月。

『イギリスの医療制度改革——患者・市民の医療への参画』同時代社、2019年10月。

『公害病認定高齢者とコンビナート——倉敷市水島の環境再生』御茶の水書房、2020年6月。

『イギリスの社会的企業と地域再生』同時代社、2020年9月。

『協同組合と情報——編集者12年の軌跡』同時代社、2021年1月。

『コロナ危機と介護経営』同時代社、2021年5月。

『ドイツの介護保険改革』同時代社、2023年6月。

《共著》

法政大学大原社会問題研究所編『社会労働大事典』旬報社、2011年2月。

平岡公一ほか監修・須田木綿子ほか編『研究道——学的探求の道案内』東信堂、2013年4月。

油井文江編『ダイバーシティ経営処方箋—— 一からわかるダイバーシティ男・女・高齢者・障がい者・外国人 多様性を力に』全国労働基準関係団体連合会、2014年1月。

法政大学大原社会問題研究所・相田利雄編『法政大学大原社会問題研究所叢書：サステイナブルな地域と経済の構想——岡山県倉敷市を中心に』御茶の水書房、2016年2月。

高橋巖編『地域を支える農協——協同のセーフティネットを創る』コモンズ、

2017年12月（日本協同組合学会賞　学術賞（共同研究）、2020年8月受賞）。
日本文化厚生農業協同組合連合会編『日本文化厚生連七十年史』2018年9月。

《論文》
「医療計画と地域政策」日本地域政策学会『日本地域政策研究』第4号、2006年3月。
「急性期入院加算取得病院と地域特性調査による医療連携の分析——厚生連病院所在の第二次医療圏を対象とした遠隔医療導入の可能性」日本遠隔医療学会『日本遠隔医療学会雑誌』第2巻第2号、2006年9月。
「中山間地域の高齢者と在宅ケアについての研究」日本地域政策学会『日本地域政策研究』第6号、2008年3月。
「病院勤務医師不足の現状と対応についての研究——公的病院のアンケート分析から」日本医療福祉学会『医療福祉研究』第2号、2008年7月。
「過疎山村限界集落の高齢者と地域福祉に関する研究」日本地域政策学会『日本地域政策研究』第7号、2009年3月。
「有料老人ホームが終のすみかとなる可能性——東京都内ホームの経済的入居条件と保健医療の考察」日本保健医療学会『保健医療研究』第1号、2009年3月。
「高齢者の住まいと医療福祉に関する研究——有料老人ホームの制度等の変遷と経済的入居条件の考察」日本医療福祉学会『医療福祉研究』第3号、2009年6月。
「高齢者介護の地域格差に関する研究——首都圏・中部地方・大都市の介護力指数の比較」日本保健医療学会『保健医療研究』第2号、2010年2月。
「小規模・高齢化集落の高齢者と地域福祉」福祉社会学会『福祉社会学研究』第8号、2011年5月。
「地域福祉は住民のもの——協同組合・非営利組織の視点から」日本地域福祉学会『日本の地域福祉』第31巻、2018年3月。
「イノベーションが企業業績に及ぼす影響に関する研究——内資系大手製薬企業を対象として」立教大学大学院ビジネスデザイン研究科修士論文、2023年3月。
ほか多数。

著者紹介

小 磯　明（こいそ　あきら）

1960年生まれ

2008年3月　法政大学大学院政策科学研究科博士後期課程修了

2023年3月　立教大学大学院ビジネスデザイン研究科ビジネスデザイン専攻博
　　　　　　士課程前期課程修了
　　　　　　政策科学修士・政策科学博士（法政大学）、経営管理学修士（立
　　　　　　教大学）、専門社会調査士（社会調査協会）

《現在》
　株式会社カインズ代表取締役社長
　法政大学現代福祉学部兼任講師（医療政策論、関係行政論）
　法政大学大学院政策科学研究所特任研究員
　法政大学地域研究センター客員研究員
　法政大学大原社会問題研究所嘱託研究員
　非営利・協同総合研究所いのちとくらし理事
　公益財団法人政治経済研究所研究員

《受賞歴》
2020年8月、日本協同組合学会賞学術賞（共同研究）受賞

ドイツの介護強化法

2023年11月20日　　初版第1刷発行

著　者　　小磯　明
発行者　　川上　隆
発行所　　株式会社同時代社
　　　　　〒101-0065　東京都千代田区西神田2-7-6
　　　　　電話 03(3261)3149　FAX 03(3261)3237
組　版　　精文堂印刷株式会社
印　刷　　精文堂印刷株式会社

ISBN978-4-88683-956-5

ドイツの介護保険改革

2023年6月　A5・216ページ　定価：本体2,000円＋税

2008年の介護発展法、2012年の介護保険新展開法、2015年〜17年の介護強化法でドイツの社会福祉政策はどのように変わったか。
現地の高齢者総合施設の視察、認知症ケア・在宅緩和ケアの現場、専門家への取材を通して、その取り組みと成果、実践を紹介する。

ドイツのエネルギー協同組合

2015年4月　A5・200ページ　定価本体2,000円＋税

原発に頼らない、再生可能エネルギーが急拡大するドイツ。フライブルクのヴォーバン地区のような環境とエネルギーの統合政策、ヴァイスヴァイル・シェーナウにおける原発反対運動や電力配電網買取──、エネルギー生産事業を担う「協同組合」の取り組みから学ぶべきこと。

イギリスの医療制度改革

2019年10月　A5・160ページ　定価：本体1,800円＋税

患者・市民の医療への参画──。EU離脱で揺れるイギリス、その医療現場を歩く。イギリス型のNHS（国民保健サービス）病院とGP（一般家庭医）診療所とのかかわり、日本の医療制度との違いなどについて実例を挙げながら報告する。

イギリスの認知症国家戦略

2017年1月　A5・344ページ　定価：本体2,700円＋税

イギリスの高齢者福祉と認知症政策、その実践を紹介。
日本の地域社会が、認知症の人への担い手となるために何が必要か？